© Verlag Zabert Sandmann
München
1. Auflage 2014
ISBN 978-3-89883-458-2

Grafische Gestaltung	Georg Feigl, Jürgen Endriß (Netzwerk GbR)
Foodfotografie	Susie Eising, Martina Görlach (Eising Studio | Food Photo & Video)
Foodstyling	Michael Koch
Porträtfotos	Stefan Braun (Cover, S. 5), Foto Sessner (S. 4, S. 59)
Rezeptküche	Monika Reiter, Gerlinde Hans
Redaktion	Martina Solter, Eva-Maria Hege
redaktionelle Mitarbeit	Kathrin Gritschneder, Gerti Köhn, Regina Rautenberg
Vorwort	Rudolf Bögel
Herstellung & Lithografie	Jan Russok, Peter Karg-Cordes
Druck & Bindung	Mohn Media Mohndruck GmbH, Gütersloh

Beim Druck dieses Buchs wurde durch den innovativen Einsatz der Kraft-Wärme-Kopplung im Vergleich zum herkömmlichen Energieeinsatz bis zu 52% weniger CO_2 emittiert.

In Zusammenarbeit mit dem Bayerischen Fernsehen
mit Lizenz durch die BRW-Service GmbH

ISBN 978-3-89883-458-2

Besuchen Sie uns auch im Internet unter www.zsverlag.de

Alfons Schuhbeck

Herzhafte Snacks

Feine Leckerbissen

herzhaft & süß

ZABERT SANDMANN

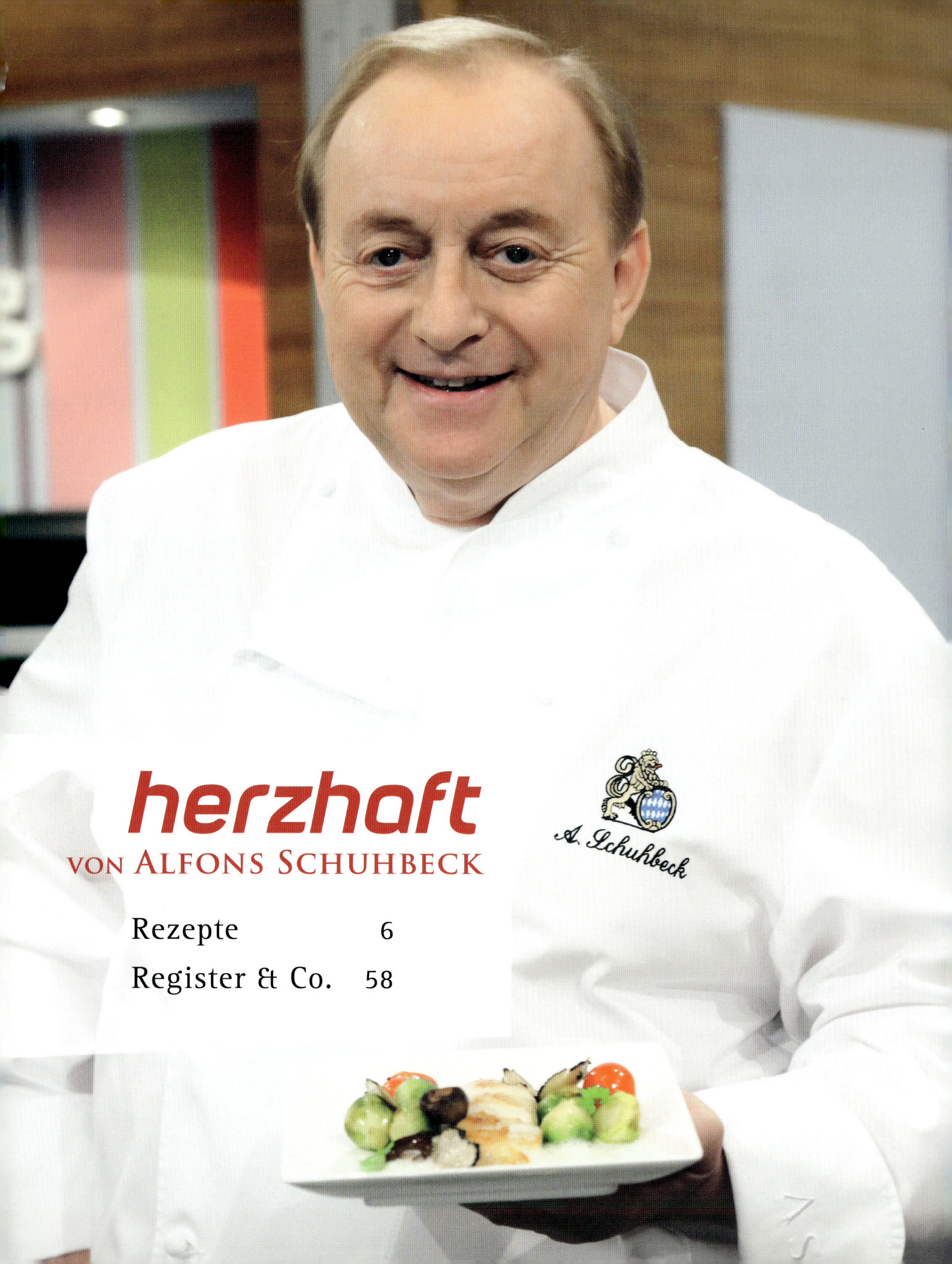

herzhaft

von Alfons Schuhbeck

SCHMANKERL FÜR GENIESSER

Ob Imbiss oder Jause – herzhafte Kleinigkeiten für die Pause gibt es wirklich überall auf der Welt. Der Engländer sagt Snack dazu, in Frankreich beißt man einfach in ein Canapé, in Italien lässt man sich die Antipasti schmecken, in Spanien die Tapas. Ja, und wir Bayern, wir machen ganz einfach Brotzeit, des ist für uns nämlich die schönste Zeit.

Mit meinen herzhaften Snacks entdecken Sie die ganze Welt. Angefangen in Österreich, wo die wahren Genießer daheim sind und sich an einem kleinen Wiener Schnitzerl freuen, über Frankreich, wo ein Fischsupperl mit Rouille auf der Karte steht, bis hin zu den USA, wo man die Hendlhaxen nach »New-Orleans«-Style grillt. Apropos Amerika! Da kommt der älteste Snack der Welt her: Die Indianer zum Beispiel haben sich schon am Lagerfeuer Mais an einem Stock zu Popcorn geröstet, herzhaft natürlich! Das süße Popcorn ist erst später gekommen. Aber die Damen haben sich damals trotzdem schon an diesem Snack erfreut: Die schönsten geplatzten Maiskörnern trugen sie als Halskette. In Notzeiten konnten sie dann diese eiserne Reserve immer noch angreifen.

Und bei meinen Snacks sind Sie garantiert hin und weg. Vor allem, weil ich wie immer drauf geschaut hab, dass Sie die besten Kleinigkeiten der Welt auch daheim locker nachmachen können. Es macht ja keinen Sinn, wenn man stundenlang an so einem Snack hinkocht, den man danach mit drei Bissen aufgegessen hat. Bei mir gibt es nur reine Kochlust statt dicken Kochfrust, und deshalb verrat ich Ihnen auch ein paar Tipps und Tricks, damit das Kochen leichter gelingt. So wie die Angelika beim Backen. Sie hat sich ja den süßen Seiten der Snacks verschrieben – und zaubert wieder feine kleine Köstlichkeiten, die uns das ganze Jahr über in Versuchung führen.

So, jetzt wird aber schnabuliert und nicht sinniert: Auf gehts beim Schuhbeck zur großen Snack-Attacke! Lassen Sie sich verführen von meinen deftigen Leckerbissen für zwischendurch. Und ich versprech Ihnen: An meinen herzhaften Snacks kommen auch die süßesten Naschkatzen nicht vorbei.

Ihr Alfons Schuhbeck

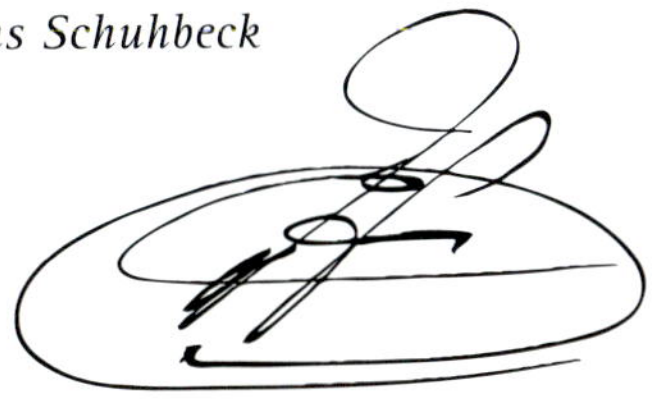

Thunfisch-Kalbfleisch-Tatar mit Joghurtsauce

Zutaten für 8 Personen

Für das Thunfisch-Kalbfleisch-Tatar:
200 g roher Thunfisch (Sushi-Qualität)
200 g Kalbsfilet
2 EL mildes Olivenöl
abgeriebene Schale von 1 unbehandelten Limette
Salz · Pfeffer aus der Mühle
Zucker
1 gestr. EL Schnittlauchröllchen

Für die Joghurtsauce:
1 EL Rahmjoghurt (10 % Fett)
½ TL gehackter eingelegter Ingwer (mit 1 EL Einlegefond)
mildes Chilisalz
Zucker

Außerdem:
1 TL braune Butter (siehe Tipp)
8 sehr dünne Scheiben Ciabattabrot
1 halbierte Knoblauchzehe
1 Stück Vanilleschote (ca. 2 cm)
8 Dillspitzen zum Garnieren

1 Für das Thunfisch-Kalbfleisch-Tatar den Thunfisch waschen, trocken tupfen und in kleine Würfel schneiden. Das Kalbsfilet ebenfalls in Würfel schneiden. Die Fisch- und Fleischwürfel mischen und mit dem Olivenöl verrühren. Das Tatar mit Limettenschale, Salz, Pfeffer und 1 Prise Zucker würzen und die Schnittlauchröllchen unterrühren.

2 Für die Joghurtsauce den Joghurt mit dem Ingwer, dem Einlegefond sowie je 1 kleinen Prise Chilisalz und Zucker glatt rühren.

3 Eine Pfanne bei mittlerer Temperatur erhitzen und die braune Butter mit einem Pinsel auf dem Pfannenboden verstreichen. Die Ciabatta-Scheiben mit Knoblauch und Vanilleschote darin auf beiden Seiten knusprig anbraten und herausnehmen.

4 Das Tatar nochmals kräftig nachwürzen (die Gewürze ziehen rasch ein) und mit einem Metallring (etwa 6 cm Durchmesser) auf kleinen Tellern oder in kleinen Schälchen anrichten. Mit der Joghurtsauce beträufeln und mit den Dillspitzen garnieren. Das Röstbrot dazu reichen.

Alfons Schuhbeck empfiehlt

Braune Butter zeichnet sich durch einen feinnussigen Geschmack aus. Man kann sie ausgezeichnet auf Vorrat zubereiten, denn sie hält sich in einem geschlossenen Gefäß mehrere Wochen im Kühlschrank. Abgekühlt hat sie eine ähnliche Konsistenz wie Butterschmalz und kann mit Gewürzen und Kräutern nach Wahl aromatisiert werden. Für etwa 200 g braune Butter 250 g Butter in einen Topf geben und nach Belieben etwas zerkleinern. Die Butter bei milder Hitze langsam zerlassen. Dann bei mittlerer Hitze etwa 10 Minuten köcheln lassen, bis sie goldbraun ist. Ein Sieb mit einem Küchenpapier auslegen, die Butter schöpflöffelweise in das Sieb gießen und in einer Schüssel auffangen. Die braune Butter abkühlen lassen und in ein gut verschließbares Glas füllen.

Bunte Tomaten mit Oliven

Zutaten für 8 Personen

je 100 g rote und gelbe Cocktailtomaten
100 g Mini-Mozzarellakugeln
30 g schwarze Oliven (ohne Stein; ca. 2 EL)
½ Schalotte
1 EL Basilikumblätter (frisch geschnitten, mit den feinen Stielen)
1–2 TL mildes Olivenöl
mildes Chilisalz
Pfeffer aus der Mühle
Zucker
kleine Basilikumblätter zum Garnieren

1 Die Tomaten waschen und vierteln. Die Mozzarellakugeln auf einem Sieb abtropfen lassen und ebenfalls vierteln. Die Oliven in Scheiben schneiden. Die Schalotte schälen und in feine Würfel schneiden.

2 Tomaten, Mozzarella, Oliven, Schalotte und Basilikum in einer Schüssel mischen. Das Olivenöl hinzufügen und alles mit Chilisalz, Pfeffer und 1 Prise Zucker würzen.

3 Die Tomatenmischung auf kleine Schälchen oder Gläser verteilen und mit Basilikum garnieren (Foto siehe S. 7).

Pfifferlinge mit Südtiroler Speck

Zutaten für 8 Personen

300 g Pfifferlinge
1 Frühlingszwiebel
½ TL braune Butter (siehe S. 6)
1 halbierte Knoblauchzehe
1 Stück Vanilleschote (ca. 2 cm)
je ½ TL ganzer Kümmel und Korianderkörner
50 g Südtiroler Speck
mildes Chilisalz
1 Msp. abgeriebene unbehandelte Zitronenschale
1 EL mildes Olivenöl
8 Kerbelblätter zum Garnieren

1 Die Pfifferlinge putzen und, falls nötig, waschen und trocken tupfen. Nach Belieben etwas zerkleinern. Die Frühlingszwiebel putzen, waschen und in Ringe schneiden.

2 Eine Pfanne bei mittlerer Temperatur erhitzen und die braune Butter mit einem Pinsel auf dem Pfannenboden verstreichen. Die Pilze darin andünsten, dann Frühlingszwiebel, Knoblauch sowie Vanilleschote dazugeben und kurz mitbraten.

3 Kümmel und Korianderkörner in eine Gewürzmühle füllen und die Pilze damit würzen. Den Speck in feine Streifen oder kleine Würfel schneiden und zu den Pilzen geben. Alles mit Chilisalz und Zitronenschale abschmecken und auf kleine Schälchen oder Gläser verteilen. Mit dem Olivenöl beträufeln und mit Kerbel garnieren (Foto siehe S. 7).

Jakobsmuscheln mit Orangenvinaigrette

Zutaten für 8 Personen

2 EL Orangensaft
1 TL Limettensaft
1 TL Olivenöl
je ½ TL abgeriebene unbehandelte Orangen- und Limettenschale
mildes Chilisalz
Zucker
8 Jakobsmuscheln (evtl. mit Schalen)
40 g Babyspinat
16 Chicoréeblätter
1 Orange
2 Feigen
4 dünne Scheiben Serranoschinken
½ TL braune Butter (siehe S. 6)
1 Stück Vanilleschote (ca. 3 cm)
1 Knoblauchzehe (in Scheiben)
1 kleines Stück Zimtrinde
1 EL Rosinen

1 Den Backofen auf 150 °C vorheizen. Orangen- und Limettensaft mit Olivenöl, Orangen- und Limettenschale, Chilisalz und 1 Prise Zucker zu einer Vinaigrette verrühren.

2 Die Jakobsmuscheln waschen und trocken tupfen. Den Spinat verlesen, waschen und trocken schleudern. Die Chicoréeblätter waschen, trocken tupfen und etwas kürzen. Die Orange so großzügig schälen, dass auch die weiße Haut mit entfernt wird. Die Filets zwischen den einzelnen Trennhäuten herausschneiden. Die Feigen waschen und in Spalten schneiden. Die Schinkenscheiben halbieren.

3 Eine Pfanne bei mittlerer Temperatur erhitzen und die braune Butter mit einem Pinsel auf dem Pfannenboden verstreichen. Die Jakobsmuscheln darin auf beiden Seiten je etwa 1 Minute anbräunen. Die Pfanne vom Herd nehmen, Vanilleschote und Knoblauch dazugeben und die Muscheln darin je nach Größe noch ½ bis 1 Minute nachziehen lassen. Dabei zwischendurch wenden. Mit Chilisalz würzen und etwas Zimt frisch darüberreiben.

4 Nach Belieben die gesäuberten Muschelschalen auf Teller setzen und je 2 Chicoréeblätter darauflegen. Die Spinatblätter mit 1 bis 2 TL Marinade mischen und auf die Chicoréeblätter verteilen. Je 1 Muschel darauflegen. Die Schinkenscheiben locker eindrehen und neben die Muscheln legen. Mit Orangenfilets, Feigenspalten und Rosinen garnieren und mit der restlichen Marinade beträufeln (Foto siehe S. 11).

Alfons Schuhbeck empfiehlt

Jakobsmuscheln haben ein ganz besonders zartes Fleisch. Damit sie eine schöne Farbe erhalten und saftig bleiben, brät man sie kurz und heiß an und lässt sie dann neben dem Herd noch etwas in der Pfanne nachziehen.

Nudelsalat mit Chorizo

Zutaten für 8 Personen

4 Stangen grüner Spargel
50 ml Gemüsebrühe
2 geh. EL Mini-Muschelnudeln (Gnocchi sardi, ersatzweise kleine Nudelringe) · Salz
100 g Datteltomaten
24 Stück oder 2 Handvoll sehr kleine Austernpilze (ca. esslöffelgroß; ersatzweise große Austernpilze klein schneiden)
1 TL Öl · mildes Chilisalz
1 EL schwarze Oliven (ohne Stein)
1 TL Limettensaft
1 TL abgeriebene unbehandelte Limettenschale
1 EL mildes Olivenöl
Zucker
80 g dünne Chorizo (span. Paprikawurst; am Stück)
einige Thai-Basilikumblätter zum Garnieren

1 Den Spargel waschen, im unteren Drittel schälen und die holzigen Enden entfernen. Den Spargel schräg in ½ cm dicke Scheiben schneiden, dabei die Spitzen ganz lassen. Mit der Brühe in einen Topf geben, ein Blatt Backpapier darauflegen und den Spargel knapp unter dem Siedepunkt 5 bis 6 Minuten weich dünsten. Die Brühe soll dabei auf 1 bis 2 EL einkochen. Inzwischen die Nudeln in reichlich Salzwasser bissfest garen, in ein Sieb abgießen und abtropfen lassen.

2 Die Tomaten waschen und in Scheiben schneiden. Die Pilze gründlich putzen. Eine Pfanne bei mittlerer Temperatur erhitzen und das Öl mit einem Pinsel auf dem Pfannenboden verstreichen. Die Pilze darin bei mittlerer Hitze einige Minuten braten und mit Chilisalz würzen. Spargel, Nudeln, Tomaten, Pilze und Oliven in eine Salatschüssel geben.

3 Limettensaft und -schale mit 2 EL Wasser und Olivenöl verrühren und mit 1 Prise Zucker sowie Chilisalz würzen. Die Salatzutaten mit dem Dressing mischen und den Salat nochmals abschmecken.

4 Die Chorizo in dünne Scheiben schneiden. Den Nudelsalat auf kleine Teller, Schälchen oder Gläser verteilen, die Chorizoscheiben daraufsetzen und mit Thai-Basilikum garnieren. Wer es pikant mag, kann nach Belieben noch gelbe Peperoni hinzufügen.

Pimientos de Padrón

Zutaten für 8 Personen

300 g Pimientos de Padrón (span. Bratpaprika)
2 EL Öl
1–2 EL Olivenöl
Fleur de Sel

1 Die Pimientos de Padrón waschen und gut trocken tupfen.

2 In einer Pfanne das Öl erhitzen und die Pimientos darin bei milder Hitze rundum etwa 5 Minuten braten. Herausnehmen und auf Küchenpapier abtropfen lassen. Auf vorgewärmte kleine Teller, Schälchen oder Gläser verteilen, mit dem Olivenöl beträufeln und mit Fleur de Sel würzen.

Topfenpflanzerl mit Kopfsalat

Zutaten für 8 Personen

Für die Topfenpflanzerl:
200 g Bergkäse (am Stück)
80 g Toastbrot
2 EL Milch
800 g Speisequark
½ Zwiebel
je ½ TL Fenchelsamen, ganzer Kümmel, Koriander- und schwarze Pfefferkörner
2 Eigelb
1 EL braune Butter (siehe S. 6)
½ TL abgeriebene unbehandelte Zitronenschale
1 EL Petersilienblätter (frisch geschnitten)
Salz
je ½ TL gemahlene Kurkuma und Paprikapulver (edelsüß)
frisch geriebene Muskatnuss
mildes Chilipulver
100 g Weißbrotbrösel
2 EL Öl

Für den Kopfsalat:
1 kleiner Kopfsalat
½ Bund Radieschen
70 ml Gemüsebrühe
1 TL Senf
2 EL Weißweinessig
1 Msp. abgeriebene unbehandelte Zitronenschale
mildes Chilisalz
Salz · Pfeffer aus der Mühle
Zucker
3–4 EL mildes Olivenöl

1 Für die Topfenpflanzerl den Käse grob reiben. Das Toastbrot entrinden und in kleine Würfel schneiden. Die Brotwürfel in eine Schüssel geben und mit der Milch beträufeln. Den Quark in ein sauberes Küchentuch geben und die Flüssigkeit kräftig ausdrücken, sodass etwa 400 g trockener Quark (Topfen) übrig bleibt.

2 Die Zwiebel schälen und in feine Würfel schneiden. Die Zwiebelwürfel mit 100 ml Wasser in eine Pfanne geben und bei milder Hitze weich dünsten, bis die ganze Flüssigkeit verkocht ist. Den Fenchel, den Kümmel, den Koriander und die Pfefferkörner in eine Gewürzmühle füllen.

3 Den Topfen zu dem Toastbrot in die Schüssel geben und beides mit dem Käse, den Eigelben, den Zwiebelwürfeln, der braunen Butter, der Zitronenschale und der Petersilie mischen. Die Topfen-Käse-Masse mit Salz, Kurkuma, Paprika, Muskatnuss, 1 Prise Chilipulver und der Gewürzmischung aus der Mühle würzen.

4 Die Weißbrotbrösel auf einen flachen Teller geben. Aus der Topfen-Käse-Masse mit angefeuchteten Händen 16 kleine Pflanzerl formen und in den Weißbrotbröseln wenden. In einer Pfanne das Öl bei mittlerer Temperatur erhitzen und die Topfenpflanzerl darin portionsweise bei milder Hitze auf beiden Seiten braun braten. Bei Bedarf noch etwas Öl dazugeben. Die Pflanzerl herausnehmen und auf Küchenpapier abtropfen lassen.

5 Für den Kopfsalat den Salat putzen, in die einzelnen Blätter teilen, waschen, trocken schleudern und in mundgerechte Stücke zupfen. Die Radieschen putzen, waschen und in Scheiben hobeln. Beides in einer Schüssel mischen. Die Brühe mit dem Senf, Essig und Zitronenschale verrühren. Mit Chilisalz, Salz, Pfeffer und 1 Prise Zucker würzen und das Öl hineinrühren, eventuell nachwürzen. Das Dressing kurz vor dem Servieren über den Salat geben und vorsichtig mischen.

6 Den Kopfsalat mit den Topfenpflanzerln auf vorgewärmten Tellern anrichten.

Kürbissuppe mit Curry

Zutaten für 8 Personen

600 g Muskatkürbis
3/4 l Hühnerbrühe
150 g Sahne
ca. 1 EL mildes Currypulver
1 halbierte Knoblauchzehe
1 Scheibe Ingwer
1 Splitter Zimtrinde
1/2 ausgekratzte Vanilleschote
40 g kalte Butter
Salz
2 Scheiben Toastbrot

1 Den Kürbis schälen, die Kerne mit einem Löffel entfernen und das Fruchtfleisch in 1 cm große Würfel schneiden. Die Kürbiswürfel mit der Brühe in einen Topf geben und knapp unter dem Siedepunkt etwa 20 Minuten weich garen.

2 Die Sahne und 1 EL Currypulver hinzufügen und die Suppe mit dem Stabmixer fein pürieren.

3 Den Knoblauch, den Ingwer, Zimtrinde und Vanilleschote in die Suppe geben, einige Minuten darin ziehen lassen und wieder entfernen. Die Butter unterrühren und die Suppe mit Salz und Currypulver abschmecken.

4 Das Toastbrot in 1/2 bis 1 cm große Würfel schneiden und in einer Pfanne bei milder Hitze ohne Fett goldbraun rösten.

5 Die Kürbissuppe auf vorgewärmte Tassen oder tiefe Teller verteilen und erst kurz vor dem Servieren mit den gerösteten Brotwürfeln bestreuen.

Alfons Schuhbeck empfiehlt

Anstelle von Muskatkürbis kann auch hervorragend Hokkaidokürbis verwendet werden. Dieser hat den Vorteil, dass er gründlich gewaschen samt Schale verarbeitet werden kann und der Suppe dadurch eine besonders kräftige Farbe verleiht.

Bouillabaisse mit Sauce Rouille

Zutaten für 8 Personen

Für die Bouillabaisse:
8 Garnelen (mit Kopf und Schale)
Karkassen von 2 Hummern (beim Fischhändler vorbestellen)
Salz · 1 TL Tomatenmark
50 ml Noilly Prat (franz. Wermut)
50 ml Cognac
50 ml Weißwein
800 ml Hühnerbrühe
2 Scheiben Ingwer
3–4 Scheiben Knoblauch
1 Stück Vanilleschote (ca. 2 cm)
1 TL mildes Currypulver
1 Prise Safranfäden
je 8 Filetstücke Wolfsbarsch und Dorade rosé (à ca. 35 g; mit Haut)
8 Seeteufelmedaillons (à ca. 35 g)
1 TL Öl
mildes Chilisalz

Für die Rouille:
1 Prise Safranfäden
2 EL Hummerfond (von oben)
1 kleine gekochte Pellkartoffel (ca. 25 g)
50 ml Milch
½–1 TL Dijon-Senf
½ Knoblauchzehe (in Scheiben)
100 ml Öl · 1 EL Olivenöl
mildes Chilisalz

Außerdem:
1 EL braune Butter (siehe S. 6)
8 Scheiben Baguette
1 kleines Stück Zimtrinde
etwas Olivenöl
Dillspitzen und Staudensellerieblätter zum Garnieren

1 Für die Bouillabaisse den Backofen auf 150 °C (Umluft) vorheizen. Die Garnelen schälen, am Rücken entlang einschneiden und den Darm entfernen. Die Garnelen waschen, trocken tupfen und der Länge nach halbieren. Die Hummerkarkassen und die Garnelenschalen mit lauwarmem Salzwasser waschen und abtropfen lassen. Auf einem Backblech verteilen und im Ofen 20 bis 30 Minuten trocknen lassen. Anschließend im Mörser in etwa 1 cm große Stücke zerstoßen.

2 Die zerstoßenen Karkassen in einen Topf geben und sanft erhitzen. Das Tomatenmark dazugeben und darin leicht andünsten, bis es am Topfboden etwas anlegt. Alles mit Noilly Prat, Cognac und Wein ablöschen und auf etwa ein Drittel einköcheln lassen. Dann mit der Brühe auffüllen und Ingwer, Knoblauch, Vanilleschote und Currypulver dazugeben. Alles knapp unter dem Siedepunkt etwa 10 Minuten ziehen lassen. Den Hummerfond durch ein Sieb gießen und in den Topf zurückgeben, dabei 2 EL für die Rouille abnehmen. Den Safran in den Topf mit dem Hummerfond streuen.

3 Die Fischstücke waschen und trocken tupfen. Eine große Pfanne bei mittlerer Temperatur erhitzen, das Öl mit einem Pinsel darin verstreichen. Wolfsbarsch- und Doradenstücke auf der Hautseite und die Seeteufelmedaillons hineinlegen und etwa 1 Minute anbraten. Die Garnelen dazugeben und 1 bis 2 Minuten weiterbraten. Die Pfanne vom Herd nehmen, Fische und Garnelen wenden und in der Resthitze 1 weitere Minute saftig durchziehen lassen. Mit Chilisalz würzen.

4 Für die Rouille die Safranfäden in den abgenommenen Hummerfond streuen. Die Kartoffel pellen, grob zerkleinern und mit Milch, Senf, Knoblauch und dem eingeweichten Safran in einen hohen Rührbecher geben. Alles mit dem Stabmixer fein pürieren, dann beide Ölsorten langsam hineinlaufen lassen. Dabei weitermixen, bis ein cremiger Dip entstanden ist. Die Rouille mit Chilisalz abschmecken.

5 Zum Servieren die braune Butter in einer Pfanne erhitzen und die Baguettescheiben darin anrösten. Die Bouillabaisse auf vorgewärmte kleine Schalen verteilen und etwas Zimt darüberreiben. Mit Olivenöl beträufeln und mit Dillspitzen und Staudensellerieblättern garnieren. Die Baguettescheiben mit der Rouille großzügig bestreichen und zur Bouillabaisse reichen.

Couscoussalat mit Ras-el-Hanout

Zutaten für 8 Personen

1 TL Früchtetee (ersatzweise 1 Beutel Früchtetee)
2 EL Rosinen
120 g Instant-Couscous
175 ml Gemüsebrühe
2 EL Mandelblättchen
150 g junger Staudensellerie (mit Grün)
200 g Cocktailtomaten
300 g Salatgurke
½ Bund Frühlingszwiebeln
2–3 EL Weißweinessig
3 EL mildes Olivenöl
mildes Chilisalz
Salz · Pfeffer aus der Mühle
1 gestr. TL Ras-el-Hanout
Zucker
1 EL Minzeblätter (frisch geschnitten)
1 EL Petersilienblätter (frisch geschnitten)
2 EL Pistazienkerne

1 Den Früchtetee mit etwa 80 ml kochendem Wasser aufgießen und einige Minuten ziehen lassen. Den Tee durch ein feines Sieb abgießen und die Rosinen darin 30 Minuten einlegen.

2 Den Couscous in eine Schüssel geben. 125 ml Brühe aufkochen, über den Couscous gießen, mit Frischhaltefolie bedecken und mindestens 7 Minuten ziehen lassen. Anschließend mit einer Gabel auflockern. Die Mandelblättchen in einer Pfanne ohne Fett bei milder Hitze goldbraun rösten und beiseitestellen.

3 Den Sellerie putzen und waschen. Die Blätter abzupfen und beiseitelegen. Die Stangen in dünne Scheiben schneiden. Die Tomaten waschen und halbieren. Die Gurke schälen und längs halbieren. Die Hälften mit einem Löffel entkernen und das Fruchtfleisch in Würfel schneiden. Die Frühlingszwiebeln putzen, waschen und in Ringe schneiden.

4 Die restliche Brühe mit Essig und Olivenöl zu einer Marinade verrühren. Mit Chilisalz, Salz, Pfeffer, Ras-el-Hanout, 1 Prise Zucker und den Kräutern abschmecken. Den Couscous, das Gemüse, die Pistazien, die abgetropften Rosinen, die Mandelblättchen und die Marinade mischen. Den Couscoussalat 5 Minuten ziehen lassen und nochmals nachwürzen.

Alfons Schuhbeck empfiehlt

Je länger der Couscoussalat zieht, desto mehr verliert er an Geschmack. Deshalb den Salat unmittelbar vor dem Anrichten noch einmal gut nachwürzen. Nach Belieben können Sie den Salat mit gebratenen Hähnchenbrustwürfeln servieren.

Brezenknödelsalat mit breiten Bohnen

Zutaten für 8 Personen

Für die Brezenknödel:
500 g weiche Laugenstangen (vom Vortag)
1/2 l Milch
4 Eier
2 EL Öl
Salz · Pfeffer aus der Mühle
frisch geriebene Muskatnuss
1 Zwiebel
2 EL Petersilienblätter (frisch geschnitten)

Für das Dressing:
150 ml Brühe
1–2 TL scharfer Senf
2–3 EL Rotweinessig
Salz · Pfeffer aus der Mühle
Zucker
3 EL mildes Olivenöl

Für den Salat:
100 g breite Bohnen · Salz
1 Bund Frühlingszwiebeln
100 g kleine Essiggurken
1 Bund Radieschen
100 g Cocktailtomaten

Außerdem:
1–2 EL Öl

1 Für die Brezenknödel von den Brezenstangen das Salz entfernen und die Stangen in 1/2 bis 1 cm große Würfel schneiden. Die Milch aufkochen und mit den Eiern verrühren. Mit Salz, Pfeffer und 1 Prise Muskatnuss würzen und mit den Brezenwürfeln mischen, dabei aber nicht drücken.

2 Die Zwiebel schälen, in feine Würfel schneiden und in einer Pfanne in 100 ml Wasser weich garen, bis die gesamte Flüssigkeit verkocht ist. Mit der Petersilie zur Brezenmasse geben.

3 Vier Blätter starke Alufolie jeweils mit Frischhaltefolie belegen. Die Brezenknödelmasse darauf zu länglichen Rollen von 4 bis 5 cm Durchmesser formen. Erst in die Frischhaltefolie einrollen, dann in die Alufolie einwickeln. Die Enden der Alufolie erst etwas andrücken, dann drehen, sodass formschöne Rollen entstehen. Die Knödelrollen in einem entsprechend großen Topf in leicht siedendem Wasser etwa 30 Minuten garen.

4 Für das Dressing die Brühe mit dem Senf und dem Essig gut verrühren. Mit Salz, Pfeffer und 1 Prise Zucker würzen. Das Olivenöl unterrühren und eventuell etwas nachwürzen.

5 Für den Salat die Bohnen putzen, waschen und in Rauten schneiden. In kochendem Salzwasser bissfest garen. Abgießen, in Eiswasser abschrecken und auf einem Sieb abtropfen lassen. Die Frühlingszwiebeln putzen, waschen und schräg in Ringe schneiden. Die Essiggurken ebenfalls schräg in Scheiben schneiden. Die Radieschen putzen, waschen und in dünne Scheiben schneiden. Die Cocktailtomaten waschen und halbieren.

6 Die Knödel aus dem Wasser heben, aus der Folie wickeln, lauwarm abkühlen lassen und in Scheiben schneiden. Das Öl in einer Pfanne erhitzen und die Brezenknödelscheiben darin bei mittlerer Hitze auf beiden Seiten anbraten.

7 Alle Zutaten in einer großen Salatschüssel mischen, mit dem Dressing übergießen und 10 Minuten ziehen lassen. Den Salat nochmals vorsichtig mischen und zum Servieren nachwürzen.

Steirischer Rindfleischsalat mit Kürbiskernöl

Zutaten für 8 Personen

Für den Rindfleischsalat:
500 g Roastbreef
Öl zum Braten
mildes Chilisalz
1 Zucchino (ca. 300 g)
300 g Hokkaidokürbis-Fruchtfleisch
ca. 2 EL Weißweinessig
2 Lorbeerblätter
1/4 TL schwarze Pfefferkörner
3 angedrückte Wacholderbeeren
1/4 TL Korianderkörner
1 Knoblauchzehe (in Scheiben)
2 Scheiben Ingwer
1 gestr. TL Zucker
1 EL Kürbiskernöl
Salz
grobes Salz
Pfeffer aus der Mühle

Für den Kürbiskerndip:
80 g Rahmjoghurt (10 % Fett)
1 Msp. abgeriebene unbehandelte Orangenschale
mildes Chilisalz
Zucker
1 EL Kürbiskernöl
1 geh. EL Kürbiskerne
Salz

1 Für den Rindfleischsalat das Roastbeef etwa 30 Minuten vor der Zubereitung aus dem Kühlschrank nehmen. Den Backofen auf 100 °C vorheizen. Ein Ofengitter auf die mittlere Schiene und darunter ein Abtropfblech schieben. Eine Pfanne bei mittlerer Temperatur erhitzen und wenig Öl mit einem Pinsel auf dem Pfannenboden verstreichen. Das Fleisch darin rundum anbraten und auf dem Gitter im Ofen je nach Dicke etwa 1 1/2 Stunden rosa garen. Herausnehmen, rundum mit Chilisalz würzen und abkühlen lassen.

2 Inzwischen den Zucchino putzen, waschen und längs halbieren, dann in trapezförmige Stücke schneiden. Das Kürbisfruchtfleisch in etwa 2 1/2 cm große Dreiecke schneiden. 150 ml Wasser mit 2 EL Essig, Lorbeerblättern, Pfefferkörnern, Wacholderbeeren, Korianderkörnern, Knoblauch und Ingwer in einen Topf geben. Zucchino und Kürbis hinzufügen. Alles mit Chilisalz und Zucker würzen, ein Blatt Backpapier darauflegen und das Gemüse knapp unter dem Siedepunkt etwa 10 Minuten weich dünsten. Dann die ganzen Gewürze entfernen und alles in ein Sieb abgießen, dabei den Essigsud auffangen. Den Sud mit Kürbiskernöl verrühren und mit Salz, Zucker und Essig abschmecken.

3 Für den Kürbiskerndip den Joghurt mit Orangenschale, Chilisalz und 1 Prise Zucker glatt rühren und nochmals abschmecken. Das Kürbiskernöl so unterrühren, dass der Dip leicht marmoriert ist. Die Kürbiskerne in einer beschichteten Pfanne ohne Fett leicht rösten, mit Salz würzen und herausnehmen.

4 Das Fleisch in dünne Scheiben schneiden, auf kleine tiefe Teller verteilen und mit grobem Salz und Pfeffer würzen. Das Gemüse daneben oder darauf anrichten und alles mit dem Sud beträufeln. Mit den gerösteten Kürbiskernen bestreuen und mit dem Kürbiskerndip beträufeln. Nach Belieben mit Lavendelblüten garnieren.

Alfons Schuhbeck empfiehlt

Anstatt mit rosa gebratenem Roastbeef kann man dieses Gericht auch ausgezeichnet mit gekochtem Rindfleisch, z. B. Tafelspitz, zubereiten. Am besten schmeckt der Salat übrigens dann, wenn das Fleisch noch lauwarm ist.

Gemüsecurry mit Blumenkohl und Brokkoli

Zutaten für 8 Personen

250 g Blumenkohl
250 g Brokkoli
Salz
250 g festkochende Kartoffeln
½ TL gemahlene Kurkuma
2 Karotten
1 rote Paprikaschote
350 ml Hühnerbrühe
1 Knoblauchzehe
1 TL geriebener Ingwer
600 ml Kokosmilch
1 EL Speisestärke
1 EL mildes Currypulver (oder gelbe Currypaste)
mildes Chilisalz
1 EL Koriandergrün oder Petersilienblätter (frisch geschnitten)

1 Den Blumenkohl und den Brokkoli putzen, waschen und in die einzelnen Röschen teilen. Zuerst den Blumenkohl, dann den Brokkoli in kochendem Salzwasser gerade weich garen, kalt abschrecken und abtropfen lassen. Beiseitestellen. Die Kartoffeln schälen, waschen, in 2 cm große Stücke schneiden und in Salzwasser mit der Kurkuma etwa 15 Minuten weich garen. In ein Sieb abgießen und abtropfen lassen.

2 Die Karotten putzen, schälen und in ½ cm dicke Scheiben schneiden. Die Paprikaschote längs halbieren, entkernen, waschen und in 1 ½ bis 2 cm große Stücke schneiden.

3 Die Brühe in einen Topf gießen, die Karotten und die Paprika hinzufügen, ein Blatt Backpapier darauflegen und das Gemüse knapp unter dem Siedepunkt 10 Minuten fast weich garen. In ein Sieb abgießen, dabei die Brühe auffangen und zurück in den Topf geben.

4 Den Knoblauch schälen, fein reiben und mit dem Ingwer und der Kokosmilch zur Brühe geben und erhitzen. Die Speisestärke mit wenig kaltem Wasser glatt rühren, in die Sauce geben und köcheln lassen, bis diese leicht sämig bindet. Mit Currypulver und Chilisalz würzen.

5 Das Gemüse zur Currysauce geben und es darin noch einmal kurz erhitzen. Das Curry, falls nötig, noch etwas nachwürzen.

6 Das Gemüsecurry auf vorgewärmte tiefe Teller verteilen und mit den Kräutern bestreuen. Dazu passt (Basmati-)Reis.

Orecchiette mit Erbsen, Minze und Schwarzwälder Schinken

Zutaten für 8 Personen

500 g Orecchiette · Salz
3 Scheiben Ingwer
150 g Schwarzwälder Schinken (in Scheiben)
350 ml Gemüsebrühe
1 geh. TL Aglio-e-olio-Gewürz
2 geriebene Knoblauchzehen
1 TL geriebener Ingwer
300 g grüne Erbsen (tiefgekühlt; aufgetaut)
2 EL Petersilienblätter (frisch geschnitten)
1 EL Minzeblätter (frisch geschnitten)
4 EL geriebener Parmesan
2 EL mildes Olivenöl
mildes Chilisalz
Pfeffer aus der Mühle

1 Die Orecchiette in kochendem Salzwasser mit dem Ingwer 3 Minuten kürzer, als auf der Packung angegeben, garen, in ein Sieb abgießen und abtropfen lassen. Die Ingwerscheiben entfernen.

2 Den Schinken in 1 cm große Quadrate schneiden. Die Brühe mit dem Aglio-e-olio-Gewürz in einer großen tiefen Pfanne erhitzen. Den Knoblauch und den Ingwer unterrühren, die Nudeln hinzufügen und darin etwa 2 Minuten garen, bis die Flüssigkeit fast verkocht ist.

3 Die Erbsen hinzufügen und erhitzen. Die Pfanne vom Herd nehmen, den Schinken, die Petersilie und Minze untermischen. Den Parmesan und das Olivenöl unterrühren und die Nudeln mit Chilisalz abschmecken.

4 Die Orecchiette auf vorgewärmte tiefe Teller oder Schalen verteilen und etwas Pfeffer grob darübermahlen.

Alfons Schuhbeck empfiehlt

Der Schwarzwälder Schinken wird erst zum Schluss unter die Nudeln gemischt, weil er so optisch gut zur Geltung kommt. Er verleiht dem Gericht ein feines Raucharoma, das bestens zu den Erbsen passt.

Makkaroni mit Kalbsleber, Birne, Spinat und Tomaten

Zutaten für 8 Personen

Für die Makkaroni:
200 g kurze Makkaroni · Salz
3–4 Scheiben Ingwer
2 kleine getrocknete Chilischoten

Für die Kalbsleber:
350 g Kalbsleber (geputzt)
2 EL doppelgriffiges Mehl (Wiener Grießler)
1–2 TL braune Butter (siehe S. 6)
1 Stück Vanilleschote (ca. 2 cm)
Salz · Pfeffer aus der Mühle
1 kleines Stück Zimtrinde

Außerdem:
1 kleine reife, feste rotschalige Birne
1 gestr. TL Puderzucker
2 Handvoll Babyspinat
100 g sehr kleine Cocktailtomaten
125 ml Hühnerbrühe
1 geh. TL Bruschetta-Gewürz
1 EL mildes Olivenöl
mildes Chilisalz
1–2 EL Parmesanspäne

1 Für die Makkaroni die Makkaroni in kochendem Salzwasser 3 Minuten kürzer, als auf der Packung angegeben, mit Ingwer und Chilischoten garen. In ein Sieb abgießen, kurz abtropfen lassen und den Ingwer und die Chilischoten entfernen.

2 Inzwischen für die Kalbsleber die Leber in 2 bis 2 ½ cm große Würfel schneiden und im Mehl wenden. Eine breite Pfanne bei mittlerer Temperatur erhitzen und die braune Butter mit einem Pinsel auf dem Pfannenboden verstreichen. Die Leber darin verteilen, die Vanilleschote dazugeben und die Leber rundum 2 bis 3 Minuten anbraten. Mit Salz und Pfeffer würzen und etwas Zimt darüberreiben. Die Pfanne vom Herd ziehen.

3 Die Birne waschen, vierteln, entkernen und in etwa 1 cm große Würfel schneiden. Den Puderzucker in einer kleinen Pfanne hell karamellisieren. Die Birnenwürfel dazugeben und unter Rühren 1 bis 2 Minuten anbraten, danach zur Leber geben. Den Spinat verlesen, waschen und trocken schleudern. Die Tomaten waschen.

4 Die Brühe in einer breiten Pfanne erhitzen und das Bruschetta-Gewürz einstreuen. Die Nudeln dazugeben und 1 bis 2 Minuten garen, bis fast die gesamte Flüssigkeit verkocht ist. Dann das Leber-Birnen-Gemisch, den Spinat und die Tomaten hinzufügen und kurz erhitzen, die Leber soll dabei rosa durchziehen. Die Vanilleschote entfernen und das Leberragout zuletzt mit Olivenöl beträufeln und mit etwas Chilisalz würzen.

5 Die Pasta auf vorgewärmte kleine Teller, Schälchen oder Gläser verteilen und mit den Parmesanspänen bestreuen.

Alfons Schuhbeck empfiehlt

Durch das Wenden in doppelgriffigem Mehl lassen sich die Leberstücke besser anbraten. Die Kalbsleber sollte aber rundum nur angebraten und keinesfalls durchgebraten werden, sonst wird sie hart. So angebraten zieht die Leber zum Schluss im Nudelgericht bei sanfter Hitze saftig-rosa durch.

Fingernudeln auf Rahmspinat

Zutaten für 8 Personen

Für die Fingernudeln:
500 g mehligkochende Kartoffeln
Salz · 100 g Speisestärke
40 g Hart- oder Weichweizengrieß
1 Eigelb
60–70 g ausgedrückter Quark (aus 120 g Magerquark)
frisch geriebene Muskatnuss
gemahlener Kümmel
½ geriebene Knoblauchzehe
30 g braune Butter (siehe S. 6)
1 getrocknete Chilischote
3 Lorbeerblätter
3 Scheiben Ingwer

Für den Rahmspinat:
600 g Blattspinat
ca. 40 ml Gemüsebrühe
150 g Sahne
3 EL gemischte Kräuterblätter (Bärlauch, Basilikum, Dill, Kerbel, Petersilie; frisch geschnitten)
1 Knoblauchzehe (in Scheiben)
½ ausgekratzte Vanilleschote
Salz
Chiliflocken
frisch geriebene Muskatnuss

Außerdem:
doppelgriffiges Mehl (Wiener Grießler) zum Verarbeiten
1–2 EL braune Butter zum Braten
mildes Chilisalz

1 Für die Fingernudeln die Kartoffeln mit der Schale gründlich waschen und in Salzwasser weich garen. Die Kartoffeln abgießen, ausdampfen lassen und möglichst heiß pellen. Durch die Kartoffelpresse drücken und auf einem Backblech abkühlen lassen.

2 Von den durchgepressten Kartoffeln 375 g abwiegen. Die Stärke, den Grieß, Eigelb, Quark, je 1 Prise Muskatnuss und Kümmel, Knoblauch und braune Butter dazugeben. Alles rasch zu einem glatten Teig verkneten. Den Teig dritteln und jedes Teigstück auf der bemehlten Arbeitsfläche zu einer Rolle von 2 bis 3 cm Durchmesser formen.

3 Die Rollen in etwa 1 cm breite Scheiben schneiden und diese mit leicht bemehlten Händen zu etwa 7 cm langen Rollen formen, deren Enden spitz zulaufen. Bis zur Weiterverwendung auf ein leicht mit doppelgriffigem Mehl bestäubtes Backblech legen und mit einem sauberen Küchentuch abdecken.

4 Für den Rahmspinat den Spinat verlesen, waschen und grobe Stiele entfernen. Gut die Hälfte des Spinats kurz in der Brühe erhitzen, die Sahne angießen und nur kurz köcheln lassen.

5 Spinat und Sahne in einen hohen Rührbecher füllen, mit dem Stabmixer fein pürieren und wieder in die Pfanne gießen. Die restlichen ganzen Spinatblätter mit den Kräutern hinzufügen. Knoblauch und Vanille dazugeben und einige Minuten ziehen lassen. Den Spinat mit Salz, 1 Prise Chiliflocken und Muskatnuss abschmecken.

6 Für die Fingernudeln in einem Topf Salzwasser zum Kochen bringen. Die Chilischote, Lorbeerblätter und Ingwer dazugeben. Die Fingernudeln hineinlegen, einmal aufkochen lassen und knapp unter dem Siedepunkt 4 bis 5 Minuten ziehen lassen. Mit dem Schaumlöffel herausnehmen und abtropfen lassen.

7 Die braune Butter in einer Pfanne bei mittlerer Temperatur erhitzen und die Fingernudeln darin goldbraun braten. Mit etwas Chilisalz würzen.

8 Den Rahmspinat auf vorgewärmte Teller verteilen und die Fingernudeln darauf oder daneben anrichten.

Advents-Gröstel mit Senfsauce

1 Für das Advents-Gröstel die Kartoffeln in der Schale gründlich waschen und in Salzwasser weich garen. Abgießen, ausdampfen lassen und möglichst heiß pellen, dann vierteln. Die Wirsingblätter waschen, trocken schleudern und die dicken Blattrippen entfernen. Die Blätter in wenig Salzwasser fast weich blanchieren. Dann in ein Sieb abgießen, kalt abschrecken und abtropfen lassen. Beiseitestellen.

2 Die Karotte putzen und schälen, den Sellerie putzen und waschen. Beides schräg in ½ cm dünne Scheiben schneiden. Knoblauch und Ingwer mit der Brühe in einem Topf aufkochen und die Karotten- und Selleriescheiben dazugeben. Ein Blatt Backpapier darauflegen und das Gemüse knapp unter dem Siedepunkt etwa 10 Minuten weich dünsten. Die Brühe soll dabei vollkommen einkochen, bei Bedarf zwischendurch noch etwas Brühe nachgießen. Inzwischen die Tomaten waschen.

3 Eine Pfanne bei mittlerer Temperatur erhitzen und 1 TL Öl mit dem Pinsel auf dem Pfannenboden verstreichen. Die Kartoffelviertel darin einige Minuten anbraten und mit Bratkartoffelgewürz und Chilisalz würzen. Den Wirsing, die Karotten- und Selleriescheiben sowie die Tomaten dazugeben und kurz erhitzen. Dann die Petersilie, die kalte und die braune Butter hinzufügen und alles nochmals abschmecken.

4 Eine weitere Pfanne bei mittlerer Temperatur erhitzen und 1 TL Öl mit dem Pinsel auf dem Pfannenboden verstreichen. Die Rostbratwürstel darin rundum goldbraun braten, herausnehmen und schräg halbieren.

5 Die Hähnchenbrustfilets waschen und trocken tupfen. In der Pfanne das restliche Öl mit dem Pinsel auf dem Pfannenboden verstreichen und das Fleisch darin auf der Hautseite bei milder Hitze 7 bis 8 Minuten goldbraun braten. Dann wenden und etwa 3 Minuten weiterbraten. Die Pfanne vom Herd nehmen und die Hähnchenbrustfilets in der Resthitze saftig durchziehen lassen. Zum Servieren mit Salz würzen und in 16 Scheiben schneiden.

6 Für die Senfsauce die Crème fraîche mit Dijon-Senf, süßem Senf, Orangenschale sowie Chilisalz verrühren und abschmecken.

7 Das Advents-Gröstel auf vorgewärmte kleine Teller, Schälchen oder Gläser verteilen und die Würstel und die Hähnchenbrustscheiben daraufsetzen. Die Senfsauce darum herumträufeln. Den Meerrettich schälen und darüberraspeln.

Zutaten für 8 Personen

Für das Advents-Gröstel:
400 g kleine Kartoffeln (z. B. Drillinge)
Salz
8 Wirsingblätter
1 gelbe Karotte
1 Stange Staudensellerie
½ Knoblauchzehe (in Scheiben)
2 Scheiben Ingwer
50 ml Gemüsebrühe
16 Cocktailtomaten
3 TL Öl
1 TL Bratkartoffelgewürz
mildes Chilisalz
1 EL Petersilienblätter (frisch geschnitten)
1 TL kalte Butter
1 TL braune Butter (siehe S. 6)
8 Nürnberger Rostbratwürstel
2 Hähnchenbrustfilets (à ca. 150 g; mit Haut)

Für die Senfsauce:
100 g Crème fraîche
1 geh. TL Dijon-Senf
1 TL süßer Senf
½ TL abgeriebene unbehandelte Orangenschale
mildes Chilisalz

Außerdem:
1 Stück Meerrettich

Safranreis del Mar mit Fisch und Meeresfrüchten

Zutaten für 8 Personen

Für den Safranreis:
150 g Paella-Reis
100 ml trockener Weißwein
550 ml Gemüsebrühe
20 Safranfäden
1 Stück Vanilleschote (ca. 2 cm)
1 große geriebene Knoblauchzehe
½ TL geriebener Ingwer
1 TL mildes Currypulver
je 1 Msp. abgeriebene unbehandelte Orangen- und Limettenschale
1 EL geriebener Parmesan
1 EL kalte Butter
Salz
½ rote Paprikaschote (in Würfeln)
¼ Fenchelknolle (in Würfeln)
50 g Erbsen (tiefgekühlt; aufgetaut)
mildes Chilisalz
1 TL braune Butter (siehe S. 6)

Für die Meeresfrüchte und den Fisch:
30 Venusmuscheln
Salz
½ Knoblauchzehe (in Scheiben)
2 Scheiben Ingwer
mildes Chilisalz
250 g Wolfsbarschfilet (mit Haut)
1–2 TL Öl
8 Riesengarnelen (vorgegart und geschält)

Außerdem:
1–2 EL mildes Olivenöl
1 Knoblauchzehe (in Scheiben)
1 TL Petersilienblätter (oder Thai-Basilikum; frisch geschnitten)
mildes Chilisalz

1 Für den Safranreis Reis und Wein in einem Topf aufkochen und den Wein fast vollständig einköcheln lassen. Mit ½ l Brühe auffüllen, ein Blatt Backpapier darauflegen und den Reis knapp unter dem Siedepunkt 20 Minuten bissfest garen.

2 Die Safranfäden in 1 EL warmem Wasser ziehen lassen. Kurz vor Ende der Garzeit den Safran mit Vanilleschote, Knoblauch, Ingwer und Currypulver unter den Reis rühren und mitziehen lassen. Die Vanilleschote wieder entfernen. Orangen- und Limettenschale dazugeben, Parmesan und Butter unterrühren und den Reis mit Salz abschmecken.

3 Paprika und Fenchel mit der übrigen Brühe in einen Topf geben. Ein Blatt Backpapier darauflegen und die Gemüsewürfel knapp unter dem Siedepunkt etwa 5 Minuten weich dünsten. Die Erbsen dazugeben und kurz erhitzen. Mit Chilisalz würzen, die braune Butter hinzufügen und das Gemüse unter den Reis rühren.

4 Für die Meeresfrüchte und den Fisch die Venusmuscheln gründlich waschen, geöffnete Muscheln aussortieren. In einer großen tiefen Pfanne 1 bis 2 cm hoch Wasser einfüllen und aufkochen, salzen und Knoblauch und Ingwer hinzufügen. Die Muscheln dazugeben, mit geschlossenem Deckel aufkochen und 1 ½ bis 2 Minuten leicht kochen, bis sie sich geöffnet haben. Die Muscheln herausnehmen, mit Chilisalz würzen und warm halten. Geschlossene Muscheln entfernen.

5 Den Wolfsbarsch waschen, trocken tupfen und in 8 Stücke schneiden. In einer Pfanne in ½ bis 1 TL Öl auf der Hautseite 3 bis 4 Minuten kross anbraten. Wenden, die Pfanne vom Herd nehmen und den Fisch in der Nachhitze saftig durchziehen lassen. Mit Chilisalz würzen. Die Garnelen der Länge nach halbieren. In einer Pfanne in ½ bis 1 TL Öl auf der farbigen Seite 1 bis 1 ½ Minuten anbraten. Wenden, die Pfanne vom Herd nehmen und die Garnelen in der Nachhitze etwa 1 Minute saftig durchziehen lassen. Mit Chilisalz würzen.

6 In einer großen Pfanne Olivenöl, Knoblauch und Petersilie erwärmen. Muscheln, Fisch und Garnelen darin wenden und mit Chilisalz würzen. Den Safranreis auf vorgewärmte kleine Teller oder Schälchen verteilen und Fisch und Meeresfrüchte darauf anrichten.

Felchen-Duett mit Kräutersauce und Gemüsesalat

Zutaten für 8 Personen

Für den Gemüsesalat:
1 rote Paprikaschote
2 dünne Stangen Staudensellerie
2 Karotten
80 ml Gemüsebrühe
1 Knoblauchzehe (in Scheiben)
2 Scheiben Ingwer
1 TL abgeriebene unbehandelte Limettenschale
1 TL Limettensaft
1 EL mildes Olivenöl
1 Stück Vanilleschote (ca. 3 cm)

Für die Felchen:
50 g Mehl
20 g Speisestärke
1/4 – 1/2 TL mildes Currypulver
1 EL Limettensaft
abgeriebene Schale von 1 unbehandelten Limette
1 EL Öl · Salz
2 Felchenfilets (à ca. 100 g)
Öl zum Braten
mildes Chilisalz
2 Felchenfilets (à ca. 120 g; mit Haut)
1 TL braune Butter (siehe S. 6)

Für die Kräutersauce:
150 g Rahmjoghurt (10 % Fett)
2 EL gemischte Kräuterblätter (z. B. Basilikum, Dill, Kerbel, wenig Minze; frisch geschnitten)
1 Msp. geriebener Ingwer
1 Msp. geriebener Knoblauch
einige Tropfen Zitronensaft
mildes Chilisalz
Zucker

Außerdem:
einige Kräuterblätter zum Garnieren

1 Für den Gemüsesalat die Paprikaschote längs halbieren, entkernen, waschen und mit dem Sparschäler schälen. Die Hälften in 1 1/2 bis 2 cm große Rauten schneiden. Den Sellerie putzen, waschen und schräg in 1 1/2 bis 2 cm lange Stücke schneiden. Die Karotten putzen, schälen und schräg in etwa 1/2 cm dicke Scheiben schneiden. Paprika, Sellerie und Karotten mit der Brühe, Knoblauch und Ingwer in einen Topf geben, mit einem Blatt Backpapier bedecken und am Siedepunkt etwa 10 Minuten gerade weich dünsten. Den Ingwer wieder entfernen.

2 Für die Felchen in Backteig in einer Schüssel Mehl, Speisestärke und Currypulver mischen und mit 90 ml eiskaltem Wasser mit dem Schneebesen glatt rühren. Limettensaft und -schale sowie Öl unterrühren und den Backteig mit Salz würzen. Die Felchenfilets ohne Haut waschen, trocken tupfen, jeweils in 4 Stücke schneiden und mit Salz würzen. Etwas Öl in einer Pfanne erhitzen, die Felchenstücke nacheinander durch den Backteig ziehen und in der Pfanne auf beiden Seiten je 1 bis 1 1/2 Minuten ausbacken. Herausnehmen, auf Küchenpapier abtropfen lassen und mit Chilisalz nachwürzen.

3 Für die gebratenen Felchen die Filets mit Haut waschen, trocken tupfen und jeweils in 4 Stücke schneiden. Eine Pfanne bei mittlerer Temperatur erhitzen und die braune Butter mit einem Pinsel auf dem Pfannenboden verteilen. Die Filets darin auf der Haut 2 bis 3 Minuten braten, wenden und die Pfanne vom Herd nehmen. Die Filets in der Resthitze etwa 1 Minute saftig durchziehen lassen. Dann herausnehmen, auf Küchenpapier abtropfen lassen und mit Chilisalz würzen.

4 Für die Kräutersauce den Joghurt mit den Kräutern, Ingwer, Knoblauch und Zitronensaft glatt rühren und mit Chilisalz und 1 Prise Zucker würzen.

5 Je 1 gebackenes und gebratenes Fischstück mit etwas Gemüsesalat auf vorgewärmten kleinen Tellern anrichten. Die Kräutersauce darum herumträufeln und mit Kräuterblättern garnieren.

Kabeljau in knuspriger Teighülle mit Koriander

Zutaten für 8 Personen

24 Scheiben Kabeljaufilet (à 2 cm dick; ca. 500 g)
mildes Chilisalz
2 EL Koriandergrün (frisch geschnitten)
1 TL Mehl
24 Blätter Frühlingsrollenteig (à ca. 12 x 12 cm)
Öl zum Braten
helle Sojasauce zum Dippen

1 Die Kabeljauscheiben rundum mit Chilisalz leicht würzen und mit Koriandergrün bestreuen.

2 Das Mehl und 2 EL kaltes Wasser in einer Schüssel verrühren. Ein Frühlingsrollenblatt mit der Spitze nach oben auf die Arbeitsfläche legen und die Ränder dünn mit dem Mehlgemisch bepinseln. Ein Kabeljaufiletstück mittig daraufsetzen, die untere Teigspitze darüberschlagen, die seitlichen Enden einklappen und den Teig fertig aufrollen. Mit den restlichen Fischstücken und Teigblättern ebenso verfahren.

3 So viel Öl in eine Pfanne geben, dass es etwa ½ cm hoch darin steht. Das Öl bei mittlerer Temperatur erhitzen und die Fischpäckchen darin portionsweise rundum etwa 4 Minuten goldbraun braten. Mit dem Schaumlöffel herausnehmen und auf Küchenpapier abtropfen lassen.

4 Die Fischpäckchen auf einer Platte anrichten und die Sojasauce oder nach Belieben eine süßsaure Chilisauce (siehe Tipp) dazu reichen.

Alfons Schuhbeck empfiehlt

Zum Kabeljau passt auch sehr gut eine süßsaure Chilisauce. Dafür 1 Peperoni längs halbieren, entkernen, waschen und in feine Würfel schneiden. 2 Knoblauchzehen schälen und in feine Würfel schneiden. 1 EL Speisestärke mit wenig kaltem Wasser glatt rühren. In einem Topf 375 ml Wasser mit Peperoni, Knoblauch, 50 g Zucker, 1 bis 2 EL Fischsauce, 4 EL Reisessig, 1 TL Tomatenmark und 1 TL feinen Ingwerwürfeln aufkochen lassen. Die Speisestärke hineinrühren und unter Rühren knapp 2 Minuten sanft köcheln lassen, bis die Sauce bindet. Mit dem Stabmixer fein pürieren, die abgeriebene Schale von ½ unbehandelten Limette dazugeben und die Sauce abkühlen lassen.

Saltimbocca von der Lotte mit Bohnengemüse

1 Für das Bohnengemüse die weißen Bohnen in ein Sieb abgießen, mit fließendem kaltem Wasser abbrausen und abtropfen lassen.

2 Die grünen Bohnen und die Wachsbohnen waschen, die Enden abschneiden und die Bohnen schräg in etwa 2 cm lange Stücke schneiden. Beide Bohnensorten nacheinander in kochendem, stark gesalzenem Wasser gerade weich garen. In ein Sieb abgießen, kalt abschrecken und abtropfen lassen.

3 Für die Lotte den Seeteufel waschen, trocken tupfen und in 16 dünne Stücke schneiden. Zwischen zwei geölten Lagen Frischhaltefolie ½ bis 1 cm dick flach klopfen und mit je 1 Speckscheibe umwickeln.

4 Eine Pfanne bei mittlerer Temperatur erhitzen und ½ TL Öl mit einem Pinsel auf dem Pfannenboden verstreichen. Die Hälfte der Seeteufelscheiben darin auf jeder Seite etwa 1 ½ Minuten braten, herausnehmen und auf Küchenpapier abtropfen lassen. Mit Salz und Pfeffer würzen. Die Pfanne mit Küchenpapier auswischen und erneut erhitzen. Das restliche Öl mit dem Pinsel darin verstreichen und die restlichen Saltimbocca darin, wie beschrieben, braten.

5 Für das Bohnengemüse den Knoblauch schälen und in Scheiben schneiden. In einem kleinen Topf die Brühe mit allen Bohnensorten, dem Knoblauch, dem Ingwer, 1 Prise Bohnenkraut und der Zitronenschale erhitzen. Mit Salz, Pfeffer und etwas Chilisalz würzen. Zum Schluss die Butter und den Dill hinzufügen. Den Knoblauch, den Ingwer und die Zitronenschale wieder entfernen.

6 Das Bohnengemüse auf kleinen vorgewärmten Tellern anrichten und je 2 Saltimbocca von der Lotte anlegen.

Zutaten für 8 Personen

Für das Bohnengemüse:
150 g kleine weiße Bohnen (aus der Dose)
200 g grüne Bohnen
200 g Wachsbohnen (außerhalb der Saison durch grüne oder breite Bohnen ersetzen) · Salz
1 Knoblauchzehe
50 ml Gemüsebrühe
2 Scheiben Ingwer
getrocknetes Bohnenkraut
1 Streifen unbehandelte Zitronenschale
Pfeffer aus der Mühle
mildes Chilisalz
20 g Butter
1 EL Dillspitzen (frisch geschnitten)

Für die Lotte:
600 g Seeteufelfilet (Lotte)
Öl für die Folie
16 Scheiben Frühstücksspeck
1 TL Öl
Salz · Pfeffer aus der Mühle

Seezunge mit Kidneybohnen-Mais-Salat

Zutaten für 8 Personen

Für den Kidneybohnen-Mais-Salat:
100 g Kidneybohnen (aus Dose oder Glas)
100 g Mais (aus Dose oder Glas)
½ rote Paprikaschote
½ rote Zwiebel
½ Stange Staudensellerie
Salz
2 EL Cashewkerne
Saft von ½ Orange (ca. 60 ml)
1 TL abgeriebene unbehandelte Orangenschale
mildes Chilisalz
Zucker
1 kleines Stück Zimtrinde

Für das Pesto:
4 Handvoll Petersilienblätter (ca. 80 g)
Salz
2 Handvoll Koriandergrün
2 EL Minzeblätter
1 kleine geriebene Knoblauchzehe
1 Msp. geriebener Ingwer
50 ml Gemüsebrühe
50 ml mildes Olivenöl
mildes Chilisalz
Pfeffer aus der Mühle

Für die Seezunge:
500 g Seezungenfilet
1–2 TL Öl
1 Stück Vanilleschote (ca. 3 cm)
3–4 Scheiben Knoblauch
Salz · Pfeffer aus der Mühle

Außerdem:
8 Soft-Aprikosen
einige Dillspitzen und Minzeblätter zum Garnieren

1 Für den Kidneybohnen-Mais-Salat die Kidneybohnen und den Mais in ein Sieb abgießen, kalt abbrausen und abtropfen lassen. Die Paprikaschote entkernen, waschen und mit dem Sparschäler schälen. Die Paprika in ½ cm große Würfel schneiden. Die Zwiebel schälen, den Sellerie putzen und waschen. Zwiebel und Sellerie in feine Würfel schneiden. In einem Topf wenig Salzwasser aufkochen und die Zwiebel- und Selleriewürfel darin etwa 2 Minuten kochen. In ein Sieb abgießen, kalt abschrecken und abtropfen lassen. Bohnen, Mais, Gemüsewürfel und Cashewkerne in eine Salatschüssel geben.

2 Orangensaft und -schale mit je 1 Prise Chilisalz und Zucker zu einem Dressing verrühren und etwas Zimt frisch darüberreiben. Das Gemüse mit dem Dressing mischen und den Salat 5 bis 10 Minuten ziehen lassen, bei Bedarf noch etwas nachwürzen.

3 Für das Pesto die Petersilie waschen und in kochendem Salzwasser etwa 1 Minute blanchieren. In ein Sieb abgießen, kalt abschrecken und abtropfen lassen. Koriander und Minze ebenfalls waschen und trocken schütteln. Die Petersilie mit den Händen gut ausdrücken und mit Koriander und Minze grob zerkleinern. Die Kräuter mit Knoblauch, Ingwer, Brühe und Olivenöl im Küchenmixer oder in einem hohen Rührbecher mit dem Stabmixer fein pürieren und mit Chilisalz und Pfeffer würzen.

4 Für die Seezunge das Fischfilet waschen, trocken tupfen und in 24 Stücke schneiden. Eine breite Pfanne bei mittlerer Temperatur erhitzen und das Öl mit einem Pinsel auf dem Pfannenboden verstreichen. Vanilleschote und Knoblauch hinzufügen und darin sanft erhitzen. Dann die Fischstücke auf der dunklen Außenseite hineinlegen und bei mittlerer Hitze 1 bis 2 Minuten anbraten. Wenden und etwa 1 Minute weiterbraten, dann die Pfanne vom Herd nehmen. Die Fischstücke mit Salz und Pfeffer würzen.

5 Den lauwarmen Kidneybohnen-Mais-Salat auf vorgewärmte kleine Teller oder Schälchen verteilen. Die Soft-Aprikosen halbieren oder dritteln, daraufsetzen und mit dem Pesto beträufeln. Je 3 Fischstücke auf den Gemüsesalat setzen und mit Dillspitzen und Minze garnieren.

Lachs auf Apfel-Rahmwirsing mit eingelegtem Ingwer

Zutaten für 8 Personen

Für den Apfel-Rahmwirsing:
½ Wirsing · Salz
1 rotschaliger Apfel
1 EL eingelegter Ingwer (siehe Tipp)
1 TL Puderzucker
20 g kalte Butter
50 ml Gemüsebrühe
80 g Sahne
1 EL braune Butter (siehe S. 6)
je 1–2 TL Petersilienblätter und Dillspitzen (frisch geschnitten)
Pfeffer aus der Mühle
mildes Chilipulver
frisch geriebene Muskatnuss

Für den Lachs:
Butter für das Blech
500 g Lachsfilet
1 Knoblauchzehe
30 g braune Butter
¼ ausgekratzte Vanilleschote
3 Scheiben Ingwer
je 1 Msp. abgeriebene unbehandelte Zitronen- und Orangenschale
mildes Chilisalz

1 Für den Apfel-Rahmwirsing den Wirsing putzen, in einzelne Blätter teilen und die dicken Blattrippen entfernen. Die Blätter waschen und in Rauten schneiden. In einem Topf reichlich Salzwasser aufkochen und den Wirsing darin 6 bis 8 Minuten blanchieren. In ein Sieb abgießen, kalt abschrecken, abtropfen lassen und das restliche Wasser gut mit den Händen herausdrücken.

2 Für den Lachs den Backofen auf 80 °C vorheizen und ein Backblech mit Butter einfetten. Das Lachsfilet waschen, trocken tupfen, in 8 Stücke schneiden und nebeneinander auf das Blech legen. Mit Frischhaltefolie bedecken und im Ofen auf der mittleren Schiene etwa 15 Minuten saftig durchziehen lassen.

3 Inzwischen den Apfel waschen, vierteln und das Kerngehäuse entfernen. Die Apfelviertel in ½ cm dicke Scheiben schneiden. Den Ingwer in feine Streifen schneiden. Den Puderzucker in einer großen Pfanne hell karamellisieren, die Apfelstücke darin auf beiden Seiten andünsten und 1 EL kalte Butter dazugeben.

4 Die Brühe mit der Sahne, dem Wirsing und dem Ingwer zum Apfel in die Pfanne geben und darin erhitzen. Die restliche kalte Butter, die braune Butter, Petersilie und Dill unterrühren und mit Salz, Pfeffer, 1 Prise Chilipulver und etwas Muskatnuss würzen. Warm halten.

5 Für den Lachs den Knoblauch schälen und in Scheiben schneiden. Die braune Butter mit Vanilleschote, Ingwer- und Knoblauchscheiben sowie Zitronen- und Orangenschale bei milder Hitze erwärmen und mit Chilisalz würzen. Die Lachsfiletstücke damit bestreichen.

6 Den Apfel-Rahmwirsing auf vorgewärmte Teller verteilen und die Lachsstücke darauf anrichten.

Alfons Schuhbeck empfiehlt

Für eingelegten Ingwer 150 ml Apfelsaft, 50 ml Wasser, 50 ml Apfelessig, 200 g Ingwer (geschält; in dünnen Scheiben), 60 g Zucker und 1 Prise Salz in einem Topf aufkochen. Noch heiß in saubere Twist-off-Gläser füllen und verschließen. Der Ingwer ist ungeöffnet bei kühler Zimmertemperatur mehrere Monate haltbar. Nach dem Öffnen sollten Sie ihn im Kühlschrank aufbewahren.

Gebratene Garnelen mit Wasabi-Joghurt-Dip

1 Für den Wasabi-Joghurt-Dip den Frischkäse mit dem Joghurt und der sauren Sahne glatt rühren. Das Öl, die Wasabipaste und das Vanillemark dazugeben, unterrühren und mit Chilisalz würzen.

2 Für die Garnelen die Garnelen am Rücken entlang (nicht zu tief) einschneiden und den Darm vorsichtig herausziehen. Die Garnelen waschen und trocken tupfen.

3 Eine Pfanne bei mittlerer Temperatur erhitzen und das Öl mit einem Pinsel auf dem Pfannenboden verstreichen. Die Garnelen darin auf einer Seite 1 bis 2 Minuten anbraten, wenden und 1 Minute weiterbraten. Die Pfanne vom Herd nehmen und die Garnelen in der Resthitze etwa 1 Minute gar ziehen lassen.

4 Den Knoblauch schälen und in Scheiben schneiden. Die braune Butter über die Garnelen träufeln. Zimt, Vanille, Kardamomkapseln, Knoblauch, Ingwer und Zitronen- und Orangenschale dazugeben, mit Chilisalz würzen und alles gut mischen.

5 Je 3 Garnelen auf kleinen vorgewärmten Tellern anrichten und den Wasabi-Joghurt-Dip danebensetzen.

Zutaten für 8 Personen

Für den Wasabi-Joghurt-Dip:
80 g Frischkäse (Doppelrahm)
100 g Naturjoghurt
100 g saure Sahne
1 EL Omega-3-Öl
1 TL Wasabipaste (6–8 g)
1 Msp. Vanillemark
mildes Chilisalz

Für die Garnelen:
24 rohe Garnelen
½–1 TL Öl
2 Knoblauchzehen
30 g flüssige braune Butter (siehe S. 6) oder mildes Olivenöl
3 Splitter Zimtrinde
½ ausgekratzte Vanilleschote
10 angedrückte grüne Kardamomkapseln
4 Scheiben Ingwer
je 1 TL abgeriebene unbehandelte Zitronen- und Orangenschale
mildes Chilisalz

Alfons Schuhbeck empfiehlt

Als Omega-3-Öl eignet sich ausgezeichnet Leinöl. Es schmeckt häufig etwas bitter, was sich jedoch in Verbindung mit Milchprodukten wie Frischkäse, Joghurt und saurer Sahne weitgehend verliert.

Zander auf Linsen mit Kräutersalat

Zutaten für 8 Personen

Für die Linsen:
75 g Berglinsen
½ TL Puderzucker
1 TL Tomatenmark
4 EL kräftiger Rotwein
325 ml Hühnerbrühe
1 Lorbeerblatt
je 20 g kleine Würfel von orangefarbener Karotte, gelber Karotte und Knollensellerie (ca. 3 x 3 mm groß)
je ½ TL abgeriebene unbehandelte Zitronen- und Orangenschale
1 kleine geriebene Knoblauchzehe
½ TL geriebener Ingwer
getrockneter Majoran
mildes Chilisalz
je 1 TL kalte und braune Butter (siehe S. 6)

Für den Kräutersalat:
1 TL Zitronensaft
1 EL Olivenöl
Zucker · mildes Chilisalz
20 g gemischte Kräuterblätter (z. B. rote Daikonkresse, Dill, Kerbel, Staudenselleriegrün, Thai-Basilikum)

Für den Zander:
500 g Zanderfilet (mit Haut)
Öl zum Braten
mildes Chilisalz

Außerdem:
8 Frühlingszwiebeln · Salz
2 reife, feste rotschalige Birnen
1 TL Puderzucker
1 EL kalte Butter

1 Für die Linsen die Linsen in reichlich kaltem Wasser etwa 2 Stunden einweichen. Dann in ein Sieb abgießen und abtropfen lassen. Den Puderzucker in einen kleinen Topf stäuben und hell karamellisieren. Das Tomatenmark dazugeben und hell anrösten. Mit dem Wein ablöschen und etwas einköcheln lassen. Dann die Linsen dazugeben und mit ¼ l Brühe auffüllen. Das Lorbeerblatt hinzufügen, ein Blatt Backpapier darauflegen und die Linsen knapp unter dem Siedepunkt 40 bis 45 Minuten weich garen.

2 Inzwischen die Gemüsewürfel in der restlichen Brühe in einem Topf einige Minuten weich dünsten, bis die Flüssigkeit vollständig verkocht ist. Die Zitronen- und die Orangenschale, Knoblauch, Ingwer und 1 Prise Majoran zum Linsengemüse geben und alles mit Chilisalz würzen. Dann die kalte und die braune Butter sowie zuletzt die Gemüsewürfel unterrühren.

3 Für den Kräutersalat Zitronensaft und Olivenöl verrühren und mit 1 Prise Zucker und Chilisalz würzen. Die Kräuterblätter waschen, trocken schütteln und mit dem Dressing mischen.

4 Die Frühlingszwiebeln putzen, waschen und das dunkle Grün entfernen (nach Belieben anderweitig verwenden). Die hellen Stangen in Salzwasser etwa 3 Minuten gerade weich garen. In ein Sieb abgießen, kalt abschrecken und abtropfen lassen. Die Birnen waschen, vierteln und die Kerngehäuse entfernen. Die Viertel in je 3 Spalten schneiden. Den Puderzucker in eine Pfanne stäuben und hell karamellisieren. Die Birnenspalten darin auf beiden Seiten anbraten. Dann die blanchierten Frühlingszwiebeln dazugeben, erhitzen und die Butter unterrühren.

5 Für den Zander das Fischfilet waschen, trocken tupfen und in 8 Stücke schneiden. Eine breite Pfanne bei mittlerer Temperatur erhitzen und das Öl mit einem Pinsel auf dem Pfannenboden verstreichen. Die Fischstücke darin auf der Hautseite 3 bis 4 Minuten anbraten. Dann die Pfanne vom Herd nehmen, den Zander wenden und etwa 2 Minuten (je nach Dicke) gar ziehen lassen. Mit Chilisalz würzen.

6 Die Linsen auf vorgewärmten kleinen Tellern anrichten und je 1 Zanderstück daraufsetzen. Je 3 Birnenspalten und 1 Frühlingszwiebel daraufsetzen und mit dem Kräutersalat garnieren oder den Salat getrennt dazu reichen.

Hendlbrustwürfel in Whiskey-Glasur

Zutaten für 8 Personen

Für die Kartoffelecken:
400 g kleine neue Kartoffeln (z. B. Drillinge)
1 EL mildes Olivenöl
mildes Chilisalz

Für die Whiskey-Glasur:
25 ml Whiskey (ersatzweise Cognac)
20 g Dijon-Senf
2 EL helle Sojasauce
1 EL Hoisinsauce
25 g Tomatenketchup
3 EL Ahornsirup · 1 EL Öl
¼ TL Salz · ¼ TL Zucker
1 gestr. EL Chili-Grillgewürz

Für die Hendlbrustwürfel:
4 Hähnchenbrustfilets (à ca. 150 g)
½ TL Öl · Salz

1 Für die Kartoffelecken den Backofen auf 220 °C vorheizen. Ein Backblech mit Backpapier belegen. Die Kartoffeln waschen, vierteln und auf dem Backblech verteilen. Im Ofen auf der mittleren Schiene 15 bis 20 Minuten braten. Mit Olivenöl beträufeln und mit Chilisalz würzen.

2 Für die Whiskey-Glasur alle Zutaten in einer Schüssel mischen und gut verrühren.

3 Für die Hendlbrustwürfel die Hähnchenbrustfilets waschen, trocken tupfen und in 1 ½ bis 2 cm große Würfel schneiden. Eine Pfanne bei mittlerer Temperatur erhitzen, das Öl mit einem Pinsel auf dem Pfannenboden verstreichen und die Fleischwürfel darin portionsweise rundum 3 bis 4 Minuten anbraten. Die Pfanne vom Herd nehmen, das Fleisch in der Resthitze 1 bis 2 Minuten ziehen lassen und mit Salz würzen.

4 Alle angebratenen Hendlbrustwürfel in die Pfanne geben, die Glasur hinzufügen, die Fleischwürfel darin wenden und bei Bedarf nachwürzen.

5 Die glasierten Hendlbrustwürfel auf kleine vorgewärmte Teller verteilen und die Kartoffelecken dazwischenlegen.

Alfons Schuhbeck empfiehlt

Die Whiskey-Glasur eignet sich auch ausgezeichnet für alle anderen Geflügel- oder Fleischsorten. Wichtig ist generell, dass die jeweiligen Fleischstücke erst gegen Ende damit überzogen bzw. glasiert werden.

Gebratene Hähnchenbrust auf Brokkolisalat mit Parmesan

1 Für den Brokkolisalat den Brokkoli putzen, in Röschen teilen und in etwa ½ cm dicke Scheiben schneiden. Die zarten Stiele ebenfalls in etwa ½ cm dicke Scheiben schneiden. Den Brokkoli in Salzwasser etwa 4 Minuten gerade weich garen, abgießen, kalt abschrecken und abtropfen lassen. Die Bohnen in ein Sieb abgießen, abbrausen und abtropfen lassen.

2 Die Brühe in einen hohen Rührbecher geben. Den Zitronensaft, die Zitronenschale, den Senf und das Olivenöl dazugeben. Mit Chilisalz, 1 Prise Zucker und Pfeffer würzen und mit dem Stabmixer verrühren. Das Gemüse in einer Schüssel mit dem Dressing mischen.

3 Den Knoblauch schälen und in Scheiben schneiden. Den Knoblauch, die Petersilie und den Ingwer unter den Salat mischen, etwa 10 Minuten ziehen lassen und bei Bedarf nochmals nachwürzen.

4 Für die Hähnchenbrust das Fleisch waschen, trocken tupfen und schräg in 1 cm dicke Scheiben schneiden. Eine Pfanne bei mittlerer Temperatur erhitzen, ½ TL Öl mit einem Pinsel auf dem Pfannenboden verstreichen. Die Hälfte der Hähnchenbrustscheiben darin auf jeder Seite etwa 1 Minute anbraten, die Pfanne vom Herd nehmen und das Fleisch in der Resthitze gar ziehen lassen. Das Fleisch aus der Pfanne nehmen und beiseitestellen. Die Pfanne mit Küchenpapier austupfen, erneut erhitzen, das übrige Öl mit dem Pinsel darin verstreichen und die restlichen Hähnchenbrustscheiben darin, wie beschrieben, braten.

5 Alle Hähnchenbrustscheiben wieder in die Pfanne geben, die braune Butter darüberträufeln, mit Brathähnchengewürz bestreuen und die Hähnchenbrustscheiben darin wenden. Bei Bedarf mit etwas Salz nachwürzen.

6 Den Brokkolisalat auf vorgewärmte Teller verteilen, mit Parmesanspänen bestreuen und die Hähnchenbrustscheiben darauf anrichten.

Zutaten für 8 Personen

Für den Brokkolisalat:
600 g Brokkoli
Salz
150 g rote Bohnen (aus der Dose)
150 ml Gemüsebrühe
3 EL Zitronensaft
½ TL abgeriebene unbehandelte Zitronenschale
1 TL Dijon-Senf
2 EL mildes Olivenöl
mildes Chilisalz · Zucker
Pfeffer aus der Mühle
1 Knoblauchzehe
1 EL Petersilienblätter (frisch geschnitten)
3 Scheiben Ingwer

Für die Hähnchenbrust:
4 Hähnchenbrustfilets (à ca. 150 g)
1 TL Öl
30 g flüssige braune Butter (siehe S. 6)
2 TL Brathähnchengewürz

Außerdem:
1 Handvoll Parmesanspäne

Weisses Coq au vin mit Spargel und Pfifferlingen

Zutaten für 8 Personen

Für die Sauce:
2 EL Zwiebelwürfel (ca. 1/2 cm groß)
1 EL Karottenwürfel (ca. 1/2 cm groß)
1 EL Selleriewürfel (ca. 1/2 cm groß)
1 schwach geh. TL Puderzucker
2 EL Noilly Prat (franz. Wermut)
1 EL Cognac
100 ml trockener Weißwein
1/4 l Hühnerbrühe · 1 Lorbeerblatt
1 Knoblauchzehe (in Scheiben)
3 Scheiben Ingwer
1 EL getrocknete Steinpilze
1 Stück Vanilleschote (ca. 3 cm)
2 schwach geh. TL Speisestärke
1 Gewürznelke
1/2 TL schwarze Pfefferkörner
100 g Sahne · 1 TL Dijon-Senf
20 g kalte Butter · Salz
1/2 TL abgeriebene unbehandelte Limettenschale
einige Tropfen Limettensaft
frisch geriebene Muskatnuss
frisch geriebene Zimtrinde · Salz

Für den Spargel:
12 Stangen grüner Spargel (ca. 400 g)
2 Handvoll kleine Pfifferlinge
75 ml Hühnerbrühe
1 EL braune Butter (siehe S. 6)
mildes Chilisalz
einige Kerbelblätter zum Garnieren

Außerdem:
4 Hähnchenbrustfilets (à ca. 150 g; ohne Haut)

1 Für die Sauce die Gemüsewürfel in einen Topf geben und darin sanft erhitzen. Den Puderzucker über das Gemüse stäuben und etwas andünsten, dann mit Noilly Prat, Cognac sowie Wein ablöschen und alles auf ein Drittel einköcheln lassen. Die Brühe angießen, Lorbeerblatt, Knoblauch, Ingwer, Steinpilze samt Vanilleschote dazugeben und alles einmal aufkochen.

2 Die Speisestärke mit 1 bis 2 EL kaltem Wasser glatt rühren, in die Sauce geben und köcheln lassen, bis diese leicht sämig bindet. Die Gewürznelke und die Pfefferkörner hinzufügen und die Sauce knapp unter dem Siedepunkt 10 bis 15 Minuten ziehen lassen. Die Sahne, den Senf und die kalte Butter dazugeben und mit dem Stabmixer unterrühren. Die Sauce mit Salz, Limettenschale und -saft abschmecken.

3 Für den Spargel die Stangen waschen, im unteren Drittel schälen und die holzigen Enden entfernen. Die Stangen schräg halbieren. Die Pfifferlinge gründlich putzen und, falls nötig, waschen und trocken tupfen. Den Spargel mit der Brühe in eine Pfanne geben. Ein Blatt Backpapier darauflegen und den Spargel knapp unter dem Siedepunkt 8 bis 10 Minuten weich dünsten. Nach etwa 7 Minuten die Pfifferlinge dazugeben. Zuletzt die braune Butter hinzufügen und alles mit Chilisalz würzen.

4 Die Hähnchenbrustfilets waschen, trocken tupfen und jeweils in 4 Stücke schneiden. Das Fleisch in der Sauce knapp unter dem Siedepunkt 5 bis 10 Minuten saftig durchziehen lassen. Zuletzt die Sauce mit Muskatnuss und Zimt würzen und mit Salz abschmecken.

5 Je 2 Hähnchenstücke auf vorgewärmte kleine Teller oder Schälchen verteilen. Die Sauce nach Belieben mit dem Stabmixer aufschäumen und die Fleischstücke mit der Sauce überziehen. Die Spargelstücke und Pfifferlinge daraufsetzen und mit Kerbel garnieren.

Alfons Schuhbeck empfiehlt

Wenn Sie anstelle von getrockneten Steinpilzen getrocknete Champignons verwenden, passt diese Sauce auch ausgezeichnet zu Fisch.

Gewürzbackhendl mit Feldsalat

Zutaten für 8 Personen

Für das Backhendl:
1 EL Gemüsebrühe
2 TL Brathähnchengewürz
150 g Rahmjoghurt (10 % Fett)
4 Hähnchenbrustfilets (à 150 g)
Salz
50 g Cornflakes
80 g Weißbrotbrösel
Öl zum Braten
mildes Chilisalz

Für den Feldsalat:
300 g Feldsalat
80 ml Gemüsebrühe
1–2 EL Weißweinessig
1 Scheibe Knoblauch
1 Msp. geriebener Ingwer
je 1 Msp. abgeriebene unbehandelte Zitronen- und Orangenschale
½–1 TL Dijon-Senf
2 EL mildes Öl
mildes Chilisalz
Salz · Pfeffer aus der Mühle
Zucker

1 Für das Backhendl am Vortag die Brühe in einem kleinen Topf erhitzen, das Brathähnchengewürz einrühren, vom Herd nehmen und 1 bis 2 Minuten ziehen lassen. Den Joghurt mit der Gewürzmischung in einer Schüssel verrühren. Die Hähnchenbrustfilets waschen und trocken tupfen. Mit dem Gewürzjoghurt einstreichen und zugedeckt im Kühlschrank über Nacht marinieren lassen.

2 Am nächsten Tag den Backofen auf 100 °C vorheizen. Von den Hähnchenbrustfilets den Joghurt leicht abstreifen und die Filets mit Salz würzen.

3 Die Cornflakes in einen Gefrierbeutel geben und mit dem Nudelholz zu Bröseln zerkleinern. Die Weißbrotbrösel mit den Cornflakes mischen und auf einen flachen Teller geben. Die Hähnchenbrustfilets in der Mischung wenden. Etwas Öl in einer Pfanne erhitzen und das Fleisch darin bei mittlerer Hitze auf beiden Seiten knusprig anbraten.

4 Das Fleisch auf ein Backblech legen und im Ofen auf der mittleren Schiene je nach Größe 20 bis 30 Minuten saftig durchziehen lassen.

5 Für den Feldsalat den Salat verlesen, gründlich waschen und trocken schleudern. Brühe, Essig, Knoblauch, Ingwer, Zitronen- und Orangenschale und Senf in einem hohen Rührbecher mit dem Stabmixer verrühren, dabei das Öl nach und nach dazugeben. Das Dressing mit Chilisalz, Salz, Pfeffer und 1 Prise Zucker würzen.

6 Den Feldsalat mit dem Dressing mischen und auf vorgewärmte Teller verteilen. Die Backhendl in dicke Scheiben schneiden, mit Chilisalz würzen und neben dem Salat anrichten.

Alfons Schuhbeck empfiehlt

Durch das Marinieren in Joghurt bleibt das Geflügelfleisch beim Garen besonders saftig. Diesen Effekt kann man noch verstärken, indem man das Fleisch 24 Stunden in der Marinade einlegt.

Barbarie-Ente mit Orangen-Chili-Chutney

1 Für die Barbarie-Ente den Backofen auf 100 °C vorheizen. Ein Ofengitter auf die mittlere Schiene und darunter ein Abtropfblech schieben. Die Entenbrüste von Sehnen befreien und eventuell vorhandene Federkiele mit einer Pinzette herauszupfen. Die Haut rautenförmig einritzen. Das Öl in einer Pfanne erhitzen und die Entenbrüste mit der Hautseite nach unten bei mittlerer Temperatur etwa 5 Minuten anbraten. Wenden und kurz braten, sodass sich die Oberfläche der Fleischseite schließt. Die Entenbrüste aus der Pfanne nehmen und auf dem Gitter im Ofen etwa 50 Minuten rosa garen.

2 Für das Orangen-Chili-Chutney die Speisestärke mit 2 EL kaltem Orangensaft glatt rühren und beiseitestellen. Den restlichen Orangensaft mit dem Zucker, 1 Prise Salz und Chiliflocken auf etwa 200 ml einkochen lassen. Die angerührte Speisestärke dazugeben und 1 bis 2 Minuten leicht köcheln lassen, bis die Flüssigkeit sämig bindet.

3 Die Zwiebel schälen, in feine Würfel schneiden und mit 100 ml Wasser in einer Pfanne weich dünsten, bis die gesamte Flüssigkeit verkocht ist. Die Datteln halbieren, entsteinen, die Dattelhälften nochmals längs halbieren und in etwa ½ cm breite Stücke schneiden. Zwiebel, Datteln, Orangenschale, Granatapfelkerne und Pistazien unter die Orangensauce rühren. Mit Zitronensaft und ggf. noch mit Salz abschmecken.

4 Die braune Butter in einer Pfanne sanft erwärmen, mit Salz und Pfeffer würzen und das Fleisch darin wenden. Die Entenbrüste in Scheiben schneiden, auf kleine vorgewärmte Teller verteilen und das Orangen-Chili-Chutney daneben anrichten.

Zutaten für 8 Personen

Für die Barbarie-Ente:
2 große Barbarie-Entenbrüste (à 350 g) · 1 EL Öl
20 g braune Butter (siehe S. 6)
Salz
Pfeffer aus der Mühle

Für das Orangen-Chili-Chutney:
1 TL Speisestärke
300 ml Orangensaft
1 TL Zucker · Salz
½ TL milde Chiliflocken
½ kleine Zwiebel
60 g getrocknete Datteln
½ TL abgeriebene unbehandelte Orangenschale
2 EL Granatapfelkerne
1 EL Pistazienkerne
einige Tropfen Zitronensaft

Hendlhaxen »New Orleans« mit Gemüsesalat

Zutaten für 8 Personen

Für die Glasur:
350 ml Hühnerbrühe
2 EL Tomatenketchup
1 TL Dijon-Senf
6 EL Ahornsirup
2 TL Paprikapulver (edelsüß)
1 TL geräuchertes Paprikapulver (Piment de la Vera picante)
2 TL milde Chiliflocken
1 EL Weißweinessig
2 TL gehackter Knoblauch
1 TL gehackter Ingwer
2 Prisen Instant-Kaffee
1 schwach geh. TL Salz
1 EL mildes Currypulver
1 geh. EL Speisestärke (ca. 15 g)
1 Stück Vanilleschote (ca. 3 cm)

Für die Hendlhaxen:
16 Hähnchenunterschenkel (drum sticks)
60 g braune Butter (siehe S. 6)
Salz
½ TL geriebene Knoblauchzehe
½ TL geriebener Ingwer
1 Zweig Rosmarin

Für den Gemüsesalat:
250 g kleine Kartoffeln (z. B. Drillinge)
Salz · 1 TL Öl
½ TL getrockneter Oregano
mildes Chilisalz
2 EL Olivenöl
½ Salatgurke
100 g große Datteltomaten
je 1 TL abgeriebene unbehandelte Limetten- und Orangenschale

1 Für die Glasur die Brühe in einem Topf mit Ketchup, Senf und Ahornsirup verrühren. Beide Paprikapulver, Chiliflocken, Essig, Knoblauch, Ingwer, Kaffeepulver, Salz und Currypulver hinzufügen und einmal aufkochen. Die Speisestärke mit 2 bis 3 EL kaltem Wasser glatt rühren, in die Gewürzbrühe geben und köcheln lassen, bis diese sämig bindet. Dann die Vanilleschote hinzufügen und 1 bis 2 Minuten darin ziehen lassen. Die Glasur vom Herd nehmen und abkühlen lassen.

2 Für die Hendlhaxen den Backofen auf 180 °C vorheizen. Die Hähnchenschenkel waschen, trocken tupfen und auf ein mit Backpapier belegtes Backblech legen. Die braune Butter mit 1 Prise Salz, Knoblauch, Ingwer und Rosmarin in einem kleinen Topf erwärmen und die Keulen mit einem Pinsel damit rundum bestreichen. Die Hähnchenkeulen im Ofen auf der mittleren Schiene 45 bis 50 Minuten goldbraun braten, dabei zwischendurch mehrmals mit der braunen Butter bestreichen. Herausnehmen und warm halten.

3 Inzwischen für den Gemüsesalat die Kartoffeln mit der Schale gründlich waschen und in Salzwasser weich garen. Abgießen, ausdampfen lassen und vierteln, nicht pellen. Eine breite Pfanne bei mittlerer Temperatur erhitzen und das Öl mit einem Pinsel auf dem Pfannenboden verstreichen. Die Kartoffeln darin anbraten und mit Oregano und etwas Chilisalz würzen. Die Pfanne vom Herd nehmen und das Olivenöl hinzufügen.

4 Die Gurke waschen, halbieren und die Kerne mit einem Löffel entfernen. Die Gurkenhälften in etwa 1 cm große, trapezförmige Stücke schneiden und in Salzwasser etwa 1 Minute blanchieren. In ein Sieb abgießen, kalt abschrecken und abtropfen lassen. Die Tomaten waschen und vierteln. Gurken und Tomaten in einer Salatschüssel mit Limetten- und Orangenschale mischen. Die angebratenen Kartoffeln dazugeben, unterheben und den Salat nochmals abschmecken.

5 Die warmen Hähnchenkeulen zum Servieren mit der Glasur bestreichen, auf vorgewärmte kleine Teller setzen und die restliche Glasur in kleinen Schälchen zum Dippen danebenstellen. Den lauwarmen Gemüsesalat nach Belieben mit Rosmarin garnieren und dazu servieren.

* lecker!

Kalbsgeschnetzeltes mit Kartoffelrösti

Zutaten für 8 Personen

Für das Kalbsgeschnetzelte:
300 g Kalbsfilet (ersatzweise Kalbsschnitzel)
Salz · Pfeffer aus der Mühle
1 EL doppelgriffiges Mehl (Wiener Grießler)
1–2 TL Öl
½ TL Puderzucker
50 ml trockener Weißwein
100 ml Hühnerbrühe
100 g Sahne
1 TL Dijon-Senf
½ TL süßer Senf
½ TL abgeriebene unbehandelte Zitronenschale
1 kleine geriebene Knoblauchzehe
½ TL geriebener Ingwer
120 g kleine feste Champignons
1 TL Petersilienblätter (frisch geschnitten)
mildes Chilisalz
Pfeffer aus der Mühle

Für die Kartoffelrösti:
500 g mehligkochende Kartoffeln
Salz · Pfeffer aus der Mühle
frisch geriebene Muskatnuss
Öl zum Braten

Außerdem:
Kräuterblätter und Champignonviertel zum Garnieren

1 Für das Kalbsgeschnetzelte das Filet erst in dünne Scheiben, dann in Streifen schneiden. Die Fleischstreifen mit Salz und Pfeffer würzen und mit dem Mehl bestäuben. Eine Pfanne bei mittlerer Temperatur erhitzen und ½ bis 1 TL Öl mit einem Pinsel auf dem Pfannenboden verstreichen. Das Fleisch darin in 2 bis 3 Portionen anbraten, dabei nach und nach das restliche Öl verwenden. Sobald Fleischsaft auszutreten beginnt, das Fleisch aus der Pfanne nehmen und beiseitestellen.

2 Den Puderzucker in die Pfanne stäuben und hell karamellisieren. Mit dem Wein ablöschen und einkochen lassen. Dann mit Brühe und Sahne auffüllen und Dijon-Senf, süßen Senf, Zitronenschale, Knoblauch und Ingwer dazugeben. Alles nochmals aufkochen.

3 Die Champignons putzen und, falls nötig, trocken abreiben. Die Pilze in nicht zu dünne Scheiben schneiden und mit dem Fleisch in die Sauce geben. Die Petersilie hinzufügen und das Geschnetzelte mit Chilisalz und Pfeffer abschmecken.

4 Für die Kartoffelrösti die Kartoffeln mit der Schale gründlich waschen und in Salzwasser etwa 10 Minuten garen. Abgießen, ausdampfen lassen und noch heiß pellen. Die Kartoffeln auf der Gemüsereibe mittelfein raspeln und mit Salz, Pfeffer und Muskatnuss würzen.

5 Eine Pfanne bei mittlerer Temperatur erhitzen und wenig Öl mit einem Pinsel auf dem Pfannenboden verstreichen. Mit einem Anrichtering kleine Rösti-Nester in die Pfanne setzen, etwas andrücken und auf beiden Seiten bei schwacher Hitze langsam goldbraun braten. Herausnehmen und auf Küchenpapier abtropfen lassen.

6 Die Kartoffelrösti auf vorgewärmte kleine Teller setzen und das Kalbsgeschnetzelte daneben anrichten. Mit Kräuterblättern und Champignonvierteln garnieren.

Kalbfleischpflanzerl mit Spargel und Morcheln

Zutaten für 8 Personen

Für die Kalbfleischpflanzerl:
40 g Toastbrot (in Würfeln)
30 ml Milch
2 EL Zwiebelwürfel
1 Ei · 1 TL Dijon-Senf
Salz · Pfeffer aus der Mühle
mildes Chilisalz
1 geriebene Knoblauchzehe
½ TL geriebener Ingwer
frisch geriebene Muskatnuss
abgeriebene Schale von
½ unbehandelten Zitrone
1 kleines Stück Zimtrinde
je 130 g Kalbs- und Schweinehackfleisch
1 TL Petersilienblätter
(frisch geschnitten)
Öl zum Braten

Für den Joghurtdip:
200 g Rahmjoghurt (10 % Fett)
1 EL Dijon-Senf
je ½ TL abgeriebene, unbehandelte
Zitronen- und Orangenschale
mildes Chilisalz
frisch geriebene Muskatnuss
1 kleines Stück Zimtrinde

Für den Spargel:
16 Stangen weißer Spargel
24 Stangen grüner Spargel
150 ml Gemüsebrühe
1 Stiel Estragon
1 Knoblauchzehe (in Scheiben)

Für die Morcheln:
400 g frische Morcheln (ersatzweise
40 g getrocknete Morcheln)
1 TL braune Butter (siehe S. 6)
1 EL halbtrockener Sherry
1–2 TL kalte Butter
mildes Chilisalz

1 Für die Kalbfleischpflanzerl die Toastbrotwürfel in der Milch einweichen. Die Zwiebelwürfel in 80 ml Wasser weich dünsten, bis die Flüssigkeit vollständig verkocht ist. Das Ei mit dem Senf verquirlen und mit Salz, Pfeffer, etwas Chilisalz, Knoblauch, Ingwer, Muskatnuss und Zitronenschale würzen und etwas Zimt frisch darüberreiben.

2 Das Ei mit beiden Hackfleischsorten, eingeweichten Toastbrotwürfeln, Zwiebelwürfeln und der Petersilie mischen. Aus der Hackfleischmasse mit angefeuchteten Händen 16 Pflanzerl formen. Öl in einer großen Pfanne erhitzen und die Pflanzerl darin bei mittlerer Hitze auf beiden Seiten goldbraun braten.

3 Für den Joghurtdip den Joghurt mit dem Senf glatt rühren und die Zitronen- und Orangenschale untermischen. Mit Chilisalz und Muskatnuss würzen und etwas Zimt frisch darüberreiben.

4 Für den Spargel beide Sorten schälen – den weißen ganz, den grünen nur im unteren Drittel – und die holzigen Enden entfernen. Die Brühe in einen Topf geben und den weißen Spargel dazugeben. Den Estragon und den Knoblauch hinzufügen, ein Blatt Backpapier darauflegen und den Spargel knapp unter dem Siedepunkt etwa 10 Minuten fast weich garen. Nach etwa 4 Minuten den grünen Spargel hinzufügen. Am Ende Estragon und Knoblauch wieder entfernen und Das Gemüse im Sud warm halten.

5 Für die Morcheln die frischen Morcheln gründlich putzen, waschen und abtropfen lassen. (Getrocknete Morcheln in warmem Wasser etwa 1 Stunde einweichen, dann in ein Sieb abgießen und gut abtropfen lassen.) Eine Pfanne bei mittlerer Temperatur erhitzen und die braune Butter mit einem Pinsel auf dem Pfannenboden verstreichen. Die Morcheln darin leicht andünsten und mit dem Sherry ablöschen. Dann die kalte Butter hinzufügen und mit Chilisalz würzen.

6 Die Spargelstangen aus dem Sud nehmen, auf vorgewärmten kleinen Tellern anrichten und je 2 Kalbfleischpflanzerl dazusetzen. Die Morcheln daraufgeben und den Joghurtdip darum herumträufeln. Nach Belieben mit Thai-Basilikum garnieren.

Gebackene Kalbsrouladen mit Gurken-Dill-Schmand

Zutaten für 8 Personen

Für die Kalbsrouladen:
150 g Kalbsbrät (vom Metzger)
1–2 EL kalte Sahne
½ TL Dijon-Senf
frisch geriebene Muskatnuss
abgeriebene unbehandelte Zitronenschale
mildes Chilisalz
8 kleine Kalbsschnitzel (à ca. 40 g)
Öl für die Folie und zum Braten
Pfeffer aus der Mühle
40 g Babyspinat
4 dünne Scheiben Kochschinken (à ca. 20 g)
2 EL doppelgriffiges Mehl (Wiener Grießler)
1 Ei
5 EL Weißbrotbrösel

Für den Gurken-Dill-Schmand:
¼ Salatgurke
100 g Schmand
1 Msp. geriebener Ingwer
einige Tropfen Zitronensaft
mildes Chilisalz
Zucker

Außerdem:
Dillspitzen zum Garnieren

1 Für die Kalbsrouladen das Brät mit der kalten Sahne, Senf, Muskatnuss, Zitronenschale und Chilisalz glatt rühren. Die Schnitzel zwischen zwei Lagen geölter Frischhaltefolie flach klopfen. Jeweils dünn mit einem Großteil der Brätmischung bestreichen und mit Pfeffer würzen.

2 Die Spinatblätter verlesen, waschen und trocken schleudern. Die Blätter dicht auf das Brät legen, dabei die Ränder frei lassen. Die Schinkenscheiben jeweils halbieren bzw. auf Schnitzelgröße zuschneiden, auf die Spinatblätter legen und leicht andrücken. Den Schinken mit ein wenig Brätmischung bestreichen und die Rouladen aufrollen. Dabei die Seiten etwas einschlagen, sodass kompakte Rollen entstehen. Mit Rouladennadeln oder Holzspießchen feststecken.

3 Das Mehl, das Ei und die Weißbrotbrösel jeweils in einen tiefen Teller geben, das Ei verquirlen. Die Rouladen zuerst im Mehl wenden, dann durch das Ei ziehen und zuletzt mit den Weißbrotbröseln panieren. In einer breiten Pfanne etwa ½ cm hoch Öl erhitzen und die Rouladen darin bei milder Hitze rundum langsam braten. Dann herausnehmen, auf Küchenpapier abtropfen lassen und 2 bis 3 Minuten durchziehen lassen.

4 Für den Gurken-Dill-Schmand die Gurke waschen, halbieren und die Kerne mit einem Löffel entfernen. Die Gurkenhälften in 4 bis 5 mm große Würfel schneiden und mit dem Schmand und dem Ingwer verrühren. Mit Zitronensaft, Chilisalz und 1 Prise Zucker abschmecken. Die Kalbsrouladen schräg halbieren und auf vorgewärmte kleine Teller setzen. Mit dem Gurken-Dill-Schmand beträufeln und mit Dillspitzen garnieren.

Alfons Schuhbeck empfiehlt

Eine feine Variante dieses Rezepts sind Cordon bleus. Dafür die Kalbsschnitzel ebenfalls dünn klopfen und mit der Brätmischung bestreichen. Mit Pfeffer würzen und mit den geviertelten Schinkenscheiben belegen. Den Spinat durch 8 Scheiben Bergkäse (etwa 4–5 mm dick und 3 x 3 cm groß) ersetzen, diese auf eine Schnitzelhälfte legen und die andere Hälfte darüberklappen. Die Cordon bleus wie beschrieben panieren und in einer Pfanne im heißen Öl auf beiden Seiten bei mittlerer Hitze langsam braten. Herausnehmen und auf Küchenpapier abtropfen lassen. Die Cordon bleus ebenfalls mit Gurken-Dill-Schmand anrichten.

Kleine Wiener Schnitzel mit Kartoffel-Radieserl-Salat

Zutaten für 8 Personen

Für die Wiener Schnitzel:
250 g Kalbsfilet (ersatzweise Kalbsschnitzel aus der Oberschale)
2 EL Naturjoghurt
1 TL Dijon-Senf
1 TL Sahnemeerrettich
½ TL Steak- und Grillgewürz
1–2 Msp. abgeriebene unbehandelte Zitronenschale
mildes Chilisalz
2–3 EL doppelgriffiges Mehl (Wiener Grießler)
1 Ei · 5 EL Weißbrotbrösel
80 g Butterschmalz zum Ausbacken

Für den Kartoffelsalat:
400 g festkochende Kartoffeln
Salz · ½ kleine Zwiebel
225 ml Hühnerbrühe
1 ½ EL Weißweinessig
1 TL Dijon-Senf
mildes Chilisalz · Zucker
4 Radieschen (in Scheiben)
1 EL Schnittlauchröllchen
1 EL warme braune Butter (siehe S. 6)

Außerdem:
4 Scheiben Frühstücksspeck
Dillspitzen zum Garnieren
Zitronensaft

1 Für die Wiener Schnitzel am Vorabend das Filet in 8 dünne Scheiben (à etwa 30 g) schneiden und mit der Hand etwas flach drücken. Joghurt, Senf, Meerrettich, Steak- und Grillgewürz, Zitronenschale und etwas Chilisalz zu einer Marinade verrühren und abschmecken. Die Schnitzel damit bestreichen, aufeinanderlegen und zugedeckt im Kühlschrank über Nacht marinieren.

2 Am nächsten Tag für den Kartoffelsalat die Kartoffeln mit der Schale gründlich waschen und in Salzwasser weich garen. Abgießen, ausdampfen lassen und möglichst heiß pellen. Noch warm in Scheiben schneiden und in eine Schüssel geben. Die Zwiebelwürfel mit 50 ml Brühe in einen Topf geben und darin so lange dünsten, bis die Flüssigkeit verkocht ist und die Zwiebelwürfel glasig sind. Dann zu den Kartoffeln geben.

3 Die restliche heiße Brühe mit Essig und Senf verrühren und in einen hohen Rührbecher geben. 2 EL Kartoffelscheiben dazugeben und mit dem Stabmixer verrühren. Das Dressing mit Chilisalz und Zucker abschmecken. Die warmen Kartoffelscheiben nach und nach mit dem Dressing mischen, bis ein sämiger Kartoffelsalat entstanden ist. Zuletzt die Radieschenscheiben und die Schnittlauchröllchen unterheben. Die braune Butter untermischen, den Salat etwa 5 Minuten ziehen lassen und nochmals abschmecken.

4 Für die Schnitzel das Mehl, das Ei und die Weißbrotbrösel jeweils in einen tiefen Teller geben, das Ei verquirlen. Die Fleischscheiben zuerst im Mehl wenden, dann durch das Ei ziehen und zuletzt mit den Weißbrotbröseln panieren. Das Butterschmalz in einer breiten Pfanne erhitzen und die Schnitzel darin bei mittlerer Hitze auf beiden Seiten goldbraun braten. Herausnehmen und auf Küchenpapier abtropfen lassen.

5 Eine beschichtete Pfanne ohne Fett sanft erhitzen und die Speckscheiben darin bei mittlerer Hitze knusprig braten, herausnehmen und auf Küchenpapier abtropfen lassen. Dann quer halbieren, sodass 8 Speckchips entstehen. Den Kartoffelsalat auf vorgewärmte kleine Teller oder Schälchen verteilen und mit Speckchips und Dillspitzen garnieren. Jeweils 1 Wiener Schnitzel darauflegen und mit Zitronensaft beträufeln.

Alfons Schuhbeck empfiehlt

Die Pfanne sollte am besten nur warm sein, wenn Sie die Speckscheiben hineinlegen – so braten sie langsam und können nicht verbrennen.

Herrengulasch mit Wachtelspiegelei

1 Für das Herrengulasch das Rindfleisch in etwa 2 ½ cm große Würfel schneiden. Eine breite Pfanne bei mittlerer Temperatur erhitzen und das Öl mit einem Pinsel auf dem Pfannenboden verstreichen. Das Rindfleisch darin portionsweise rundum anbraten, wieder herausnehmen und beiseitestellen.

2 Dann das Tomatenmark in die Pfanne geben und darin unter Rühren kurz anrösten. Nacheinander mit dem Portwein und dem Rotwein ablöschen und beides einköcheln lassen. Den Fond angießen und alles auf etwa ¼ l einköcheln lassen. Die Speisestärke mit etwa 1 EL kaltem Wasser glatt rühren, in die Sauce geben und köcheln lassen, bis diese leicht sämig bindet.

3 Beide Paprikapulver mit etwa 1 EL Wasser verrühren und ebenfalls in die Sauce rühren. Dann das Gulaschgewürz dazugeben, die kalte Butter unterrühren und mit Salz abschmecken. Das angebratene Fleisch hinzufügen und in der Sauce noch etwa 5 Minuten rosa durchziehen lassen, es soll dabei jedoch nicht kochen.

4 Die Paprikahälften entkernen, waschen und mit dem Sparschäler schälen. Die Paprika in etwa 2 cm große, längliche Rauten schneiden. Die Zwiebel schälen und in Rauten schneiden. Paprika und Zwiebel mit der Brühe in einen kleinen Topf oder eine Pfanne geben. Ein Blatt Backpapier darauflegen und das Gemüse knapp unter dem Siedepunkt etwa 8 Minuten bissfest dünsten. Dann 1 TL Butter hinzufügen und mit Salz würzen.

5 Die restliche Butter in einer beschichteten Pfanne zerlassen und mit Salz würzen. Die Wachteleier mit einem Sägemesser anritzen, in die Pfanne gleiten lassen und zu Spiegeleiern braten. Die Cornichons schräg halbieren und nach Belieben fächerförmig einschneiden.

6 Die Fleischwürfel mit der Sauce auf vorgewärmte kleine Teller, Schälchen oder Gläser verteilen und die Paprika- und Zwiebelrauten dekorativ daraufsetzen. Mit den Cornichons, den Wachtelspiegeleiern und Dillspitzen garniert servieren. Nach Belieben Brot dazu reichen.

Zutaten für 8 Personen

Für das Herrengulasch:
600 g Rinderfilet
1 TL Öl
1 schwach geh. TL Tomatenmark
3 EL roter Portwein
70 ml Rotwein
400 ml Rinderfond (ersatzweise Kalbsfond oder Rinderbrühe)
1 schwach geh. TL Speisestärke
½ TL Paprikapulver (edelsüß)
1 Msp. scharfer Räucherpaprika (Piment de la Vera picante)
2 TL Gulaschgewürz (je ½ TL gehackter Knoblauch, getrockneter Majoran, gehackter Kümmel, abgeriebene unbehandelte Zitronenschale)
20 g kalte Butter
Salz

Außerdem:
je ½ rote und gelbe Paprikaschote
½ Zwiebel
50 ml Brühe
2 TL Butter
Salz
8 Wachteleier
4 Cornichons
Dillspitzen zum Garnieren

Schweinefilet mit Trüffel und Maroni

Zutaten für 8 Personen

Für das Maronigemüse:
16 Cocktailtomaten
400 g vorgegarte Maroni (Esskastanien; vakuumverpackt)
16 kleine, blanchierte Rosenkohlröschen (ca. 200 g; ersatzweise tiefgekühlt)
3–4 EL Gemüsebrühe
1 Stück Vanilleschote (ca. 2 cm)
1 EL Butter
mildes Chilisalz
frisch geriebene Muskatnuss

Für die Sauce:
150 ml Hühnerbrühe
30 g kalte Butter
einige Tropfen Trüffelöl
mildes Chilisalz
1 schwarzer Trüffel
1 TL braune Butter (siehe S. 6)

Für das Schweinefilet:
200 g Schweinefilet (Mittelstück)
1 TL braune Butter
Salz · Pfeffer aus der Mühle

1 Für das Maronigemüse die Tomaten waschen, die Maroni und die Rosenkohlröschen halbieren. Den Rosenkohl mit der Brühe in einen Topf geben und den Rosenkohl kurz erhitzen. Dann die Maroni und die Vanilleschote dazugeben und ebenfalls erhitzen. Die Tomaten hinzufügen und kurz erwärmen. Zuletzt die Butter dazugeben und alles mit Chilisalz und Muskatnuss würzen.

2 Für die Sauce die Brühe in einem Topf erwärmen und die kalte Butter mit dem Stabmixer unterrühren. Die Sauce mit Trüffelöl und Chilisalz abschmecken. Den Trüffel unter fließendem kaltem Wasser bürsten und gründlich säubern. Acht schöne Scheiben abschneiden, in einer Pfanne in der braunen Butter erwärmen und zum Garnieren beiseitestellen. Den restlichen Trüffel auf der Zestenreibe fein in die Sauce reiben.

3 Für das Schweinefilet das Fleisch in 16 Scheiben schneiden. Eine Pfanne bei mittlerer Temperatur erhitzen und die braune Butter mit einem Pinsel auf dem Pfannenboden verstreichen. Die Filetscheiben darin auf beiden Seiten je etwa 2 Minuten anbraten und mit Salz und Pfeffer würzen.

4 Die Maroni und den Rosenkohl auf vorgewärmte kleine Teller oder Schälchen verteilen und jeweils mit 2 Filetscheiben belegen. Den Trüffelschaum mit der restlichen Butter nochmals mit dem Stabmixer aufschäumen und über Gemüse und Fleisch träufeln. Mit je 1 Trüffelscheibe und nach Belieben Kerbel garnieren.

Alfons Schuhbeck empfiehlt

Für getrüffelte Nudeln 200 g Linguine in reichlich Salzwasser mit 2 Ingwerscheiben und 2 kleinen getrockneten Chilischoten etwa 3 Minuten kürzer, als auf der Packung angegeben, garen. In ein Sieb abgießen und gut abtropfen lassen, Ingwer und Chili wieder entfernen. Die Trüffelsauce, wie oben beschrieben, herstellen und aufkochen. Die vorgegarten Nudeln hinzufügen und etwa 2 Minuten garen, bis sie fast die gesamte Flüssigkeit aufgenommen haben. Die Pasta auf vorgewärmte kleine Teller oder Schälchen verteilen und nach Belieben mit geriebenem Parmesan bestreuen.

Überbackenes Schweinefilet mit Paprikakraut

Zutaten für 8 Personen

Für die Gratiniermasse:
125 g weiche Butter
1 TL Dijon-Senf
1 gehackte Knoblauchzehe
1 gestr. TL gemahlener Kümmel
½ TL abgeriebene unbehandelte Zitronenschale
½ TL getrockneter Majoran
mildes Chilisalz
60 g Toastbrot

Für das Paprikakraut:
1 Zwiebel
je ½ gelbe und rote Paprikaschote
200 g junger Weißkohl
75 ml Hühnerbrühe
½ TL Paprikapulver (edelsüß)
1 Msp. scharfer Räucherpaprika (Piment de la Vera picante)
2 Msp. mildes Currypulver
1 kleine geriebene Knoblauchzehe
½ TL geriebener Ingwer
½ TL abgeriebene unbehandelte Zitronenschale
50 g Sahne
1 EL kalte Butter
1 EL Petersilienblätter (frisch geschnitten)
½ Apfel
mildes Chilisalz

Für das Schweinefilet:
½ – 1 TL Öl
8 Schweinemedaillons (à 1½ – 2 cm dick; ca. 350 g)
mildes Chilisalz

Außerdem:
Petersilienblätter zum Garnieren

1 Für die Gratiniermasse die weiche Butter einmal durchrühren und mit Senf, Knoblauch, Kümmel, Zitronenschale, Majoran und etwas Chilisalz verrühren. Das Toastbrot grob zerkleinern und im Blitzhacker zu Bröseln mahlen. Die Toastbrotbrösel unter die Butter-Gewürz-Mischung rühren und die Masse mit Backpapier oder Frischhaltefolie zu einer Rolle formen. Die Gratiniermasse im Kühlschrank etwa 1 Stunde (je nach Dicke der Rolle) durchkühlen lassen.

2 Für das Paprikakraut die Zwiebel schälen. Die Paprikahälften entkernen, waschen und mit dem Sparschäler schälen. Den Weißkohl putzen und den Strunk entfernen. Alle Gemüsesorten in etwa 1 cm große Stücke schneiden. Einen Topf erwärmen, das Gemüse hineingeben und ohne Fett bei milder Hitze leicht andünsten. Die Brühe angießen, ein Blatt Backpapier darauflegen und das Gemüse knapp unter dem Siedepunkt 8 bis 10 Minuten weich dünsten.

3 Den Sud durch ein Sieb gießen und in den Topf zurückgeben, das Gemüse beiseitestellen. Den Sud mit Paprika- und Currypulver, Knoblauch, Ingwer und Zitronenschale würzen und einige Minuten ziehen lassen. Dann die Sahne und die kalte Butter hinzufügen, mit dem Stabmixer unterrühren. Die Petersilie untermischen, das Gemüse dazugeben und erhitzen.

4 Den Apfel waschen, vierteln und das Kerngehäuse entfernen. Die Apfelviertel quer in etwa ½ cm breite Scheiben schneiden. Zum Gemüse geben und einige Minuten darin ziehen lassen. Das Paprikakraut mit Chilisalz abschmecken.

5 Für das Schweinefilet den Backofengrill einschalten. Eine breite Pfanne bei mittlerer Temperatur erhitzen und das Öl mit einem Pinsel auf dem Pfannenboden verstreichen. Die Medaillons darin auf beiden Seiten je etwa 2 Minuten sanft anbraten. Mit Chilisalz würzen und auf ein Backblech legen. Die Gratiniermasse in dünne Scheiben schneiden und auf die Schweinefiletscheiben verteilen. Die Medaillons im Ofen auf der unteren Schiene 3 bis 4 Minuten überbacken.

6 Das Paprikakraut auf vorgewärmte kleine Teller oder Schälchen verteilen und je 1 überbackenes Schweinemedaillon daraufsetzen. Mit Petersilienblättern garnieren.

Gedämpfte Cannelloni auf Lauch-Champignon-Gemüse

1 Für die Cannelloni das Toastbrot in Würfel schneiden, in eine Schüssel geben und in der Milch einweichen. Die Zwiebel schälen, in feine Würfel schneiden und in einer Pfanne in 100 ml Wasser weich garen, bis die ganze Flüssigkeit verkocht ist. Die Zwiebel zu dem eingeweichten Toastbrot geben und das Hackfleisch hinzufügen. Das Ei mit Senf, Zitronenschale, Chilisalz, Pfeffer, Knoblauch und Ingwer verquirlen und zum Hackfleisch geben. Den Majoran und die Petersilie hinzufügen und alles zu einer gleichmäßigen Masse verarbeiten.

2 Die Masse in einen Spritzbeutel ohne Tülle geben und die Cannelloni damit füllen. Einen Dämpfeinsatz einölen und die Cannelloni hineinlegen. Den dazu passenden Dampftopf etwa 2 cm hoch mit Wasser befüllen, den Dämpfeinsatz hineinstellen, den Deckel darauflegen und die Cannelloni etwa 20 Minuten dämpfen.

3 Für das Lauch-Champignon-Gemüse von dem Lauch die dunkelgrünen Blätter entfernen, die Stange längs halbieren, gründlich waschen und in 1 bis 2 cm breite Streifen schneiden. Die Champignons putzen und, falls nötig, trocken abreiben. Die Pilze in ½ cm dicke Scheiben schneiden.

4 Das Öl in einem Topf erhitzen und den Lauch darin bei mittlerer Hitze 2 Minuten andünsten. Mit dem Wein ablöschen und fast vollständig einköcheln lassen. Die Brühe angießen und den Lauch zugedeckt knapp unter dem Siedepunkt etwa 6 Minuten bissfest garen. Die Champignons, Knoblauch, Ingwer und Zitronenschale hinzufügen und mit Salz und Pfeffer abschmecken. Zum Servieren den Knoblauch und den Ingwer wieder entfernen, die kalte Butter unterrühren und die Petersilie darüberstreuen.

5 Die Cannelloni mit der braunen Butter bestreichen. Das Gemüse auf kleine vorgewärmte Teller verteilen, je 1 Cannelloni darauflegen und mit Parmesan bestreuen. Den Pfeffer grob darübermahlen.

Zutaten für 8 Personen

Für die Cannelloni:
1 Scheibe Toastbrot
2 EL Milch
½ kleine Zwiebel
200 g Schweinehackfleisch
1 Ei · 1 TL Dijon-Senf
½ TL abgeriebene unbehandelte Zitronenschale
mildes Chilisalz
Pfeffer aus der Mühle
1 geriebene Knoblauchzehe
½ TL geriebener Ingwer
½ TL getrockneter Majoran
1 EL Petersilienblätter (frisch geschnitten)
8 Cannelloni
Öl für die Form
1–2 EL flüssige braune Butter (siehe S. 6)
3–4 EL geriebener Parmesan
Pfeffer aus der Mühle

Für das Lauch-Champignon-Gemüse:
1 dünne Lauchstange
100 g kleine feste Champignons
½ TL Öl
3 EL Weißwein
75 ml Gemüsebrühe
1 halbierte Knoblauchzehe
1 Scheibe Ingwer
1 Streifen unbehandelte Zitronenschale
Salz · Pfeffer aus der Mühle
1 EL kalte Butter
1 TL Petersilienblätter (frisch geschnitten)

Alfons Schuhbeck empfiehlt

Anstatt des Lauch-Champignon-Gemüses passt zu den Cannelloni hervorragend ein Tomatenragout oder eine Tomatensauce.

Gewürfelter Hirschrücken in Rotweinsauce

Zutaten für 8 Personen

Für die Beilagen:
8 Soft-Aprikosen
1 EL Orangenlikör (z. B. Grand Marnier)
2 gekochte, abgekühlte Semmelknödel (à ca. 100 g; selbst gemacht oder aus der Kühltheke)
1 TL braune Butter (siehe S. 6)
1 TL kalte Butter
1 gestr. EL gehackte Pistazien
mildes Chilisalz

Für den Hirschrücken und die Rotweinsauce:
500 g Hirschrücken (küchenfertig)
Öl zum Braten
1/2 TL Puderzucker
1 schwach geh. TL Tomatenmark
3 EL roter Portwein
70 ml Rotwein
400 ml Wildfond (ersatzweise Kalbsfond oder Fleischbrühe)
1 Lorbeerblatt
Wildgewürz
1 schwach geh. TL Speisestärke
1 kleine Knoblauchzehe (halbiert)
2 Scheiben Ingwer
1 Stück Vanilleschote (ca. 2 cm)
1 Streifen unbehandelte Orangenschale
1–2 EL kalte Butter
2–3 Splitter Zartbitterkuvertüre
Salz · Pfeffer aus der Mühle

1 Für die Beilagen die Aprikosen vierteln, mit dem Orangenlikör mischen und bis zur Verwendung ziehen lassen.

2 Für den Hirschrücken das Fleisch in etwa 2 cm große Würfel schneiden. Eine Pfanne bei mittlerer Temperatur erhitzen und wenig Öl mit einem Pinsel auf dem Pfannenboden verteilen. Die Fleischwürfel darin rundum hell anbraten, herausnehmen und beiseitestellen.

3 Für die Rotweinsauce den Puderzucker in die Pfanne stäuben und hell karamellisieren. Das Tomatenmark unterrühren und kurz anrösten. Alles mit Portwein und Rotwein ablöschen und einköcheln lassen. Dann den Fond angießen und das Lorbeerblatt hinzufügen. Die Sauce bei mittlerer Hitze 6 bis 8 Minuten auf etwa 1/4 l einkochen lassen und mit 1 Prise Wildgewürz würzen.

4 Die Speisestärke mit etwa 1 EL kaltem Wasser glatt rühren, in die Sauce geben und köcheln lassen, bis diese sämig bindet. Knoblauch, Ingwer, Vanilleschote und Orangenschale hinzufügen und in der Sauce einige Minuten ziehen lassen. Die Sauce durch ein Sieb gießen, die kalte Butter und die Zartbitterkuvertüre unterrühren und die Rotweinsauce mit Salz abschmecken. Das angebratene Fleisch dazugeben und in der Sauce 2 bis 3 Minuten rosa durchziehen lassen, dabei soll es jedoch nicht kochen. Zuletzt alles mit Pfeffer abschmecken.

5 Die Semmelknödel in etwa 1 1/2 cm große Würfel schneiden. Eine Pfanne bei mittlerer Temperatur erhitzen und die braune Butter mit einem Pinsel auf dem Pfannenboden verstreichen. Die Knödelwürfel darin einige Minuten hell anbraten, dann die kalte Butter hinzufügen und die Pistazien darüberstreuen. Mit Chilisalz würzen.

6 Die Hirschrückenwürfel mit der Sauce auf vorgewärmte kleine Teller oder Schälchen verteilen und nach Belieben mit Preiselbeeren garnieren. Die Pistazienknödel und die Aprikosen danebensetzen.

Alfons Schuhbeck empfiehlt

Diese Sauce passt auch bestens zu anderen Kurzbratstücken von Wildbret, wie z. B. Rehrückenmedaillons oder Wildschweinfilet.

Register

A/B

C/D

F/G

H/J

K/L

M/N

O/P

R/S

T/U

W

Z

A. Schuhbeck
Angelika
Schwalber

herzhaft & süß

Wegweiser zu den Sendungen 2014/2015

herzhaft & süß

Wegweiser zu den Sendungen 2014/2015

Folge 1 (Österreich I)

Folge 2 (Italien I)

Folge 3 (Schweiz)

Folge 4 (Deutschland I)

Folge 5 (Italien II)

Folge 6 (Frankreich)

Folge 7 (Österreich II)

Folge 8 (USA)

Folge 9 (Deutschland II)

Folge 10 (Spanien)

Register

A

B

C

E

F

G

H

I

K

L

M

P

S

T

W

Sogno di Natale »Weihnachtstraum«

Zutaten für 6 Stück

Für die Vanille-Mascarpone-Creme:
1 EL Butter · 20 g Zucker
30 g gehackte, geröstete Mandeln
350 g Sahne
½ Vanilleschote
3 Blatt Gelatine · 2 Eigelb
20 g Puderzucker
100 g Mascarpone
1 EL Amaretto (ital. Mandellikör)
Salz
1 Msp. abgeriebene unbehandelte Zitronenschale

Für den Hefeteig:
20 g gehackte Mandeln
20 g fein gehacktes Orangeat
30 g Rumrosinen
1 Msp. abgeriebene unbehandelte Zitronenschale
1 Msp. Vanillemark
½ TL Stollengewürz
90 g Mehl
13 g frische Hefe
3–4 EL lauwarme Milch
½ TL Zucker
1 EL Marzipanrohmasse
Salz
20 g weiche Butter
1 EL weiches Butterschmalz

Für die Mandellikörtränke:
50 g Zucker
2 EL Mandellikör

Für die Johannisbeer-Coulis:
200 g Rote Johannisbeeren
20 g Zucker
2 EL Crème de Cassis (Schwarzer Johannisbeerlikör)

Außerdem:
Mehl für die Arbeitsfläche
Öl und Zucker für die Dessertringe

1 Am Vortag für die Vanille-Mascarpone-Creme die Butter in einer Pfanne erhitzen und den Zucker darin karamellisieren. Die Mandeln unterrühren und mit 150 g Sahne ablöschen. Die Vanilleschote hinzufügen und die Sahne leicht köcheln lassen, bis der Karamell sich aufgelöst hat. Über Nacht ziehen lassen.

2 Am nächsten Tag für den Hefeteig die Mandeln, das Orangeat, die Rumrosinen und die Gewürze mischen. Mehl, Hefe, Milch, Zucker, Marzipan und 1 Msp. Salz in eine Schüssel geben und verkneten. Die Butter und das Butterschmalz dazugeben und alles zu einem glatten Teig verkneten. Zuletzt die Früchtemischung dazugeben und kurz unterkneten. Den Teig auf der bemehlten Arbeitsfläche zu einem Rechteck (etwa 23 x 15 cm) ausrollen und an einem warmen Ort zugedeckt etwa 15 Minuten gehen lassen. Den Backofen auf 180 °C vorheizen und den Früchteteig 20 bis 25 Minuten backen. Herausnehmen und auskühlen lassen.

3 Für die Mandellikörtränke 100 ml Wasser mit dem Zucker aufkochen. Den Mandellikör untermischen und beiseitestellen.

4 Für die Creme Gelatine in kaltem Wasser einweichen. Die Eigelbe mit dem Puderzucker schaumig schlagen. Den Mascarpone dazugeben und kurz unterrühren. Mandellikör, 1 Prise Salz und Zitronenschale dazugeben und die Mandelsahne unterrühren. Die Gelatine ausdrücken und in einem Topf unter Rühren auflösen. Etwas Mascarponemasse dazugeben, unterrühren und dann mit der restlichen Mascarponemasse verrühren. Restliche Sahne steif schlagen und unterheben.

5 Aus dem Früchteteig 6 Kreise (à 7 ½ cm Durchmesser) ausstechen und waagerecht halbieren. 6 Dessertringe (7 ½ cm Durchmesser, 5 ½ cm hoch) mit Öl einfetten, mit Zucker bestreuen und nebeneinander auf ein Tablett setzen. Jeweils einen Früchteboden hineinlegen und leicht mit der Mandellikörtränke tränken. Die Hälfte der Vanille-Mascarpone-Creme daraufgeben, einen weiteren Boden einlegen, nochmals tränken und die restliche Creme darauf verteilen. Die Törtchen 2 bis 3 Stunden kühl stellen.

6 Für die Johannisbeer-Coulis die Beeren waschen, verlesen, von den Rispen streifen und mit dem Zucker in einen Topf geben. Köcheln lassen, bis die Beeren zerfallen. Pürieren und durch ein feines Sieb streichen. Mit dem Likör mischen und auskühlen lassen.

7 Die Törtchen auf Teller setzen, aus den Ringen lösen und mit der Johannisbeer-Coulis anrichten. Nach Belieben mit Schokosternen und Johannisbeeren verzieren.

Walnussschnitten mit französischer Buttercreme

Zutaten für 12 Stück

Für die Canache:
125 g Zartbitterkuvertüre
140 g Sahne
30 g Honig
2 EL brauner Walnusslikör

Für die Marzipanmasse:
3 Eier
110 g Marzipanrohmasse
1 Msp. Vanillemark
1 Msp. abgeriebene unbehandelte Zitronenschale
30 g Zucker
Salz
30 g Mehl
20 g flüssige Butter
15 g gehackte Walnüsse

Für die französische Buttercreme:
100 g Zucker
2 Eigelb
140 g weiche Butter
1 Msp. Vanillemark
3 EL brauner Walnusslikör

Für die Kuvertüreplatten:
300 g Zartbitterkuvertüre

Für die Verzierung:
3–4 EL gehackte, geröstete Walnüsse
Vollmilchkuvertürespäne

1 Am Vortag für die Canache die Kuvertüre hacken. Sahne und Honig in einem Topf aufkochen, die Kuvertüre unterrühren und darin schmelzen. Likör dazugeben, Canache über Nacht auskühlen lassen.

2 Am nächsten Tag für die Marzipanmasse den Backofen auf 210 °C vorheizen. Ein Backblech mit Backpapier belegen. Die Eier trennen. Das Marzipan, die Eigelbe, Vanillemark und Zitronenschale in einer Schüssel schaumig rühren. Die Eiweiße, den Zucker und 1 Prise Salz zu cremigem Eischnee schlagen. Den Eischnee unter die Eigelbmasse heben, dann das Mehl dazusieben und die Butter untermischen. Die Masse auf dem Backblech zu einem Rechteck (21 x 20 cm) verstreichen. Mit den Walnüssen bestreuen und im Ofen auf der mittleren Schiene 10 bis 12 Minuten backen. Herausnehmen und auskühlen lassen. Dann in 12 Rechtecke (7 x 5 cm) schneiden.

3 Für die französische Buttercreme 90 g Zucker und 40 ml Wasser in einem Topf auf 116 °C erhitzen – am besten mit dem Zuckerthermometer überprüfen. Die Eigelbe mit dem restlichen Zucker in einer Schüssel schaumig rühren. Die Butter mit dem Vanillemark ebenfalls schaumig rühren. Die Zuckerlösung im dünnen Strahl langsam in die Eigelb-Zucker-Masse rühren und kalt schlagen. Dann unter die Butter rühren und den Likör dazugeben.

4 Für die Kuvertüreplatten die Kuvertüre klein hacken und zwei Drittel davon in einer Metallschüssel im warmen Wasserbad unter Rühren schmelzen. Die Schüssel aus dem Wasserbad nehmen, die restliche Kuvertüre hinzufügen und unter Rühren in der warmen Kuvertüre schmelzen. Falls sich die Stücke nicht ganz auflösen sollten, die Kuvertüre nochmals vorsichtig im Wasserbad erwärmen, sie darf nicht wärmer als 32 °C werden.

5 Die temperierte Kuvertüre auf Backpapier zu 2 dünnen (1 bis 2 mm) Rechtecken von 15 x 30 cm verstreichen und fast fest (wachsweich) werden lassen. In Rechtecke (7,5 x 5,5 cm) schneiden, auf ein zweites Backpapier stürzen, das obere Papier abziehen und die Kuvertüreplatten ganz fest werden lassen.

6 Jeweils einen Marzipanboden mit etwas Buttercreme bestreichen und eine Kuvertüreplatte auflegen. Die Canache mit dem Spritzbeutel in Streifen auf die Kuvertüreplatte spritzen, eine zweite Kuvertüreplatte darauflegen und leicht andrücken. Auf diese Weise alle Walnussschnitten zubereiten. Zum Verzieren die restliche Buttercreme in einen Spritzbeutel mit Lochtülle füllen und dekorativ auf die Schnitten spritzen, mit Walnüssen und Kuvertürespänen bestreuen.

Knusperteilchen mit Früchten

1 Für den Teig das Mehl in eine Schüssel sieben. 120 ml kaltes Wasser, das Eigelb, Honig und 1 Prise Salz dazugeben und alles zu einem glatten Teig verkneten. Mit Frischhaltefolie abgedeckt 3 Stunden kühl stellen.

2 Für die Füllung das Puddingpulver mit 2 EL Milch, dem Zucker, 1 Prise Salz und dem Vanillemark glatt rühren. Die restliche Milch in einem Topf aufkochen, das angerührte Puddingpulver unter Rühren dazugeben und zu einem Pudding kochen. Den Quark, den Frischkäse und die Zitronenschale unter den heißen Pudding heben. Mit Frischhaltefolie abgedeckt auskühlen lassen.

3 Den Teig auf der bemehlten Arbeitsfläche zu einem sehr dünnen Rechteck (etwa 36 x 60 cm) ausrollen. Wenn nötig, mit den Händen noch dünn ziehen. Mit der Butter bestreichen, zusammenklappen, noch einmal bestreichen und wieder zusammenklappen. Den Vorgang nochmals wiederholen und den Teig etwa 30 Minuten kühl stellen.

4 Den Backofen auf 190 °C vorheizen. Ein Backblech mit Backpapier belegen. Den Teig kurz mit dem Nudelholz zu einem Quadrat (etwa 24 x 24 cm) ausrollen. Mit einem kannelierten Ausstecher Kreise (à 7 cm Durchmesser) ausstechen. Die Oberseite leicht mit Wasser bestreichen, in Zucker tauchen und auf das Blech legen. Jeweils in die Mitte einen walnussgroßen Klecks Füllung geben. Im Ofen auf der mittleren Schiene etwa 10 Minuten backen. Herausnehmen und auskühlen lassen.

5 Den Tortenguss mit dem Apfelsaft statt Wasser nach Packungsanweisung zubereiten und etwas abkühlen lassen. Die Früchte je nach Sorte vorbereiten und in dekorative Stücke schneiden. Die kalten Teilchen mit den Früchten belegen und leicht mit dem Tortenguss überziehen.

Zutaten für 9–10 Stück

Für den Teig:
250 g Mehl
1 Eigelb
1 TL Akazienhonig
Salz

Für die Füllung:
1 ½ EL Vanillepuddingpulver
150 ml Milch
1 ½ EL Zucker
Salz
1 Msp. Vanillemark
1 EL Speisequark
1 EL Frischkäse
1 Msp. abgeriebene unbehandelte Zitronenschale

Außerdem:
Mehl für die Arbeitsfläche
40 g flüssige Butter zum Bestreichen
Zucker zum Hineintauchen
1 Päckchen klarer Tortenguss
220 ml Apfelsaft
ca. 250 g Früchte der Saison (z. B. Ananas, Erdbeeren, Feigen, Himbeeren, Orangen)

Angelika Schwalber empfiehlt

Die Teilchen schmecken natürlich frisch am besten. Man kann aber auch nur die Böden vorbacken und einfrieren. Zum Servieren einfach die Teilchen auftauen und im Backofen bei 190 °C 3 bis 4 Minuten backen. Dann, wie oben beschrieben, fertigstellen.

Amarettini tricolori

Zutaten für ca. 24 Stück

Für die Amarettinimasse:
2 Eiweiß
Salz
1 Msp. Vanillemark
200 g gemahlene weiße Mandeln
220 g Puderzucker
1 EL Mehl
1 EL Speisestärke
½ Fläschchen Bittermandelöl

Außerdem:
1 EL Schokotropfen
Kakaopulver zum Bestäuben
2 EL gehackte, gesalzene und geröstete Pistazien
ca. 100 g gemahlene Pistazien zum Wälzen
2 EL gefriergetrocknete Himbeeren
ca. 2 EL Himbeerkonfitüre zum Füllen
Puderzucker zum Bestäuben

1 Für die Amarettinimasse den Backofen auf 100 °C (Umluft) vorheizen. Ein Backblech mit Backpapier belegen. Die Eiweiße mit 1 Prise Salz und dem Vanillemark in einer Schüssel verquirlen. Die Mandeln, den Puderzucker, das Mehl und die Speisestärke gut mischen und mit dem Bittermandelöl unter das Eiweiß rühren.

2 Die Masse dritteln. Unter ein Drittel die Schokotropfen mischen und Kugeln (à 20 g) daraus formen. Auf das Backblech setzen und leicht mit Kakaopulver bestäuben.

3 Das zweite Drittel mit den gehackten Pistazien mischen, Kugeln (à 20 g) daraus formen und in den gemahlenen Pistazien wälzen. Ebenfalls auf das Backblech legen.

4 Unter die restliche Masse die Himbeeren mischen und ebenfalls Kugeln (à 20 g) daraus formen. In die Mitte dieser Kugeln mit dem Kochlöffel eine Vertiefung drücken und jeweils etwas Himbeerkonfitüre einfüllen. Auf das Backblech legen und leicht mit Puderzucker bestäuben.

5 Die Amarettini im Ofen auf der mittleren Schiene 50 bis 60 Minuten backen. Herausnehmen und auskühlen lassen.

Angelika Schwalber empfiehlt

Sollten die gemahlenen Pistazien beim Wälzen nur schlecht an den Teigkugeln haften, hilft es, die Amarettinikugeln vor dem Wälzen dünn mit Eiweiß zu bestreichen.

Brownies mit Meersalzkaramell

Zutaten für ca. 20 Stück

Für die Canache:
75 g Vollmilchkuvertüre
60 g Nougat
280 g Sahne

Für die Brownies:
70 g Zartbitterkuvertüre
120 g Butter
2 Eier
70 g Zucker
90 g brauner Zucker
70 g Mehl
2 EL Kakaopulver
3 EL Schokoperlen

Für den Meersalzkaramell:
1 EL Honig
40 g Zucker
10 g Meersalzbutter
100 g heiße Sahne

1 Für die Canache die Kuvertüre und den Nougat hacken. 80 g Sahne aufkochen, Kuvertüre und Nougat unterrühren. Sobald sie geschmolzen sind, die restliche Sahne unterrühren und die Creme mindestens 3 Stunden (am besten über Nacht) in den Kühlschrank stellen.

2 Für die Brownies den Backofen auf 170 °C vorheizen. Ein Backblech mit Backpapier belegen und einen Backrahmen (25 x 20 cm) daraufsetzen. Die Kuvertüre grob zerkleinern, mit der Butter in einen Topf geben und schmelzen.

3 Die Eier und die beiden Zuckersorten mit den Quirlen des Handrühgeräts verrühren. Die Kuvertüremasse untermischen, das Mehl mit dem Kakao darübersieben und unterheben.

4 Den Teig in den Rahmen füllen, mit den Schokoperlen bestreuen und im Ofen auf der mittleren Schiene 20 bis 25 Minuten backen. Herausnehmen und kurz abkühlen lassen. Den Rahmen vorsichtig abheben.

5 Für den Meersalzkaramell den Honig und den Zucker in einem Topf schmelzen. Die Butter dazugeben und mit der heißen Sahne ablöschen. Kurz aufkochen lassen, dann abkühlen lassen.

6 Die Brownies in Quadrate (5 x 5 cm) schneiden. Die Canache mit dem Schneebesen aufschlagen, bis sie eine cremige Konsistenz hat, und in einen Spritzbeutel mit Lochtülle füllen. Jeweils 1 Tupfen auf die Brownies spritzen. Mit einem Teelöffel eine Mulde in die Creme drücken und etwas Meersalzkaramell einfüllen.

7 Die Brownies nach Belieben mit Schokoherzen und kleinen Zuckerperlen dekorieren.

Angelika Schwalber empfiehlt

Mischt man noch gehackte Nüsse unter den Teig, dann erhalten die Brownies mehr Biss. Gut geeignet sind Erdnüsse, Pistazien oder Walnüsse. Für die Teigmenge sind etwa 50 g Nüsse ausreichend.

Cakepops »Apfel-Mandel«

1 Für die Apfel-Mandel-Masse den Apfel vierteln, schälen und das Kerngehäuse entfernen. Die Apfelviertel grob raspeln. Die Apfelraspel gut ausdrücken und den Zitronensaft untermischen.

2 Butter und Puderzucker mit den Quirlen des Handrührgeräts cremig rühren und das Ei dazugeben. Die trockenen Zutaten mischen, mit den restlichen Zutaten dazugeben und alles nur kurz zu einem glatten Teig verrühren.

3 Den Cakepop-Maker auf 200 °C vorheizen, die Mulden dünn mit der Butter einfetten. In jede Vertiefung etwa 1 EL Teig einfüllen, den Cakepop-Maker schließen und die Teigkugeln 8 bis 10 Minuten backen. Die Cakepops herausnehmen und auf einem Kuchengitter abkühlen lassen. Mit dem restlichen Teig ebenso verfahren.

4 Die ausgekühlten Kugeln auf die Lollipop-Sticks spießen. Die Glasurlinsen im warmen Wasserbad langsam schmelzen. Die vorbereiteten Cakepop-Kugeln in die Glasur tauchen, etwas abtropfen lassen und mit den Zuckerstreuseln dekorieren. Auf einer Styroporplatte oder einer Deko-Hilfe fest werden lassen.

Zutaten für ca. 24 Stück

Für die Apfel-Mandel-Masse:
1 kleiner Apfel
1 EL Zitronensaft
60 g weiche Butter
100 g Puderzucker
1 Ei
65 g Mehl
30 g gemahlene Mandeln
1 EL gehackte Mandeln
½ TL Soda
½ TL Backpulver
1 TL abgeriebene unbehandelte Zitronenschale
3 EL Milch
1 EL Rum

Zum Überziehen:
200 g Glasurlinsen (rot, weiß oder gelb)
50 g bunte Zuckerstreusel

Außerdem:
Butter für den Cakepop-Maker
ca. 24 Lollipop-Sticks

Angelika Schwalber empfiehlt

Beim Schmelzen der Glasurlinsen ist es ganz wichtig, dass das Wasserbad nur warm und nicht heiß ist. Wird die Glasur zu heiß oder gelangt Wasser hinein, wird sie grieselig oder sogar hart und ist nicht mehr zu verwenden. Sollte die Glasur zu dick sein, kann man sie mit etwas flüssiger Kakaobutter oder flüssigem Kokosfett verdünnen.

Macarons mit Lemon-Curd-Füllung

Zutaten für ca. 20 Stück

Für den Macaronteig:
75 g Puderzucker
45 g Mandelmehl
1 Eiweiß (exakt 35 g)
10 g Zucker
etwas gelbe Lebensmittelfarbe

Außerdem:
ca. 3–4 EL Lemon Curd

1 Für den Macaronteig den Puderzucker mit dem Mandelmehl im Blitzhacker fein zermahlen und durch ein feines Sieb sieben. Das Eiweiß mit dem Zucker zu festem Eischnee schlagen. Wenn die Masse richtig weiß ist, etwas Lebensmittelfarbe dazugeben und weiterschlagen, bis der Teig gleichmäßig gelb ist.

2 Die Mandelmischung auf dreimal zur Baisermasse geben. Der Macaronteig hat die ideale Konsistenz, wenn er in einem Band vom Kochlöffel fließt. Den Teig in einen Spritzbeutel mit Lochtülle füllen und auf ein mit Backpapier belegtes Backblech etwa 40 kleine Kreise (à 2 bis 3 cm Durchmesser) spritzen. Diese 30 Minuten ruhen lassen.

3 Den Backofen auf 140 °C (Umluft) vorheizen. Die Macarons im Ofen auf der mittleren Schiene 10 bis 12 Minuten backen. Nach dem Backen die Macarons vorsichtig vom Backblech nehmen und auf einem Kuchengitter auskühlen lassen.

4 Den Lemon Curd in einen Spritzbeutel mit kleiner Sterntülle füllen. Auf die Hälfte der Macarons auf die glatte Fläche je einen haselnussgroßen Tupfen Lemon Curd spritzen, mit den restlichen Macarons belegen und leicht andrücken, sodass die Füllung sichtbar wird.

Angelika Schwalber empfiehlt

Der Macaronmasse kann man mit Lebensmittelfarben die unterschiedlichsten Farbtöne verleihen und den gebackenen Plätzchen mit einer Füllung, z. B. aus Himbeerkonfitüre oder Nuss-Nougat-Creme, eine eigene Note geben.

Croissantring »Café au lait« (Cronuts)

Zutaten für 20 Stück

Für den Cronuts-Teig:
200 g Mehl
20 g Zucker
Salz
1 Msp. abgeriebene unbehandelte Zitronenschale
1 Msp. Vanillemark
15 g frische Hefe
30 g weiches Butterschmalz

Für die Butterplatte:
60 g weiche Butter
20 g Mehl

Für die Schoko-Kaffee-Sahne:
75 g Vollmilchkuvertüre
60 g weiße Kuvertüre
280 g Sahne
½ EL Kaffeepulver

Für die Kaffeeglasur:
2 EL Espresso
100 g Puderzucker

Außerdem:
Mehl für die Arbeitsfläche
Butterschmalz zum Ausbacken
weiße Schokospäne und dunkle Schokoperlen zum Bestreuen

1 Für den Cronuts-Teig Mehl, Zucker, 1 gestrichenen TL Salz, Zitronenschale, Vanillemark und zerbröckelte Hefe in eine Schüssel geben. 125 ml kaltes Wasser und das Butterschmalz dazugeben. Alles mit den Knethaken des Handrührgeräts zu einem glatten Teig verkneten. Zugedeckt 30 Minuten kühl stellen.

2 Für die Butterplatte Butter und Mehl mischen und auf Backpapier zu einem Rechteck von 12 x 9 cm verstreichen. Kühl stellen.

3 Den Cronuts-Teig auf der bemehlten Arbeitsfläche zu einem Rechteck von 20 x 12 cm ausrollen und auf eine Hälfte die Butterplatte legen. Die zweite Hälfte darüberlegen und seitlich einschlagen. Dem Teig zwei einfache Touren und eine doppelte Tour geben, dazwischen jedes Mal wieder auf 20 x 12 cm ausrollen. Für die einfache Tour eine Schmalseite zu zwei Drittel zur Mitte hin einschlagen und die andere Seite darüberlegen, sodass drei Schichten entstehen. Für die doppelte Tour erst die linke Schmalseite zur Mitte hin einschlagen, dann die rechte, sodass ein Rechteck von 10 x 12 cm entsteht. Zuletzt die beiden Seiten aufeinanderlegen, damit 4 Schichten entstehen.

4 Dann den Teig etwa 1 ½ cm dick ausrollen. Mit einem Ausstecher Kreise (à 6 cm Durchmesser) ausstechen und aus diesen in der Mitte jeweils ein 2 cm großes Loch ausstechen. Die Ringe zugedeckt bei Zimmertemperatur etwa 15 Minuten gehen lassen.

5 Das Butterschmalz in der Fritteuse oder einem hohen Topf auf 180 °C erhitzen und die Teigringe darin auf jeder Seite 3 bis 4 Minuten goldbraun ausbacken. Herausnehmen, auf Küchenpapier abtropfen und auskühlen lassen.

6 Für die Schoko-Kaffee-Sahne beide Kuvertüren in Stücke hacken. 80 g Sahne aufkochen, das Kaffeepulver dazugeben und 1 Minute ziehen lassen. Durch einen Kaffeefilter in eine Schüssel gießen. Die Kuvertüren dazugeben und unter Rühren schmelzen. Die restliche kalte Sahne unterrühren und die Creme mindestens 3 Stunden in den Kühlschrank stellen (oder bereits am Vortag zubereiten).

7 Für die Kaffeeglasur Espresso mit Puderzucker verrühren. Schoko-Kaffee-Sahne mit dem Schneebesen aufschlagen, bis sie eine cremige Konsistenz hat, und in einen Spritzbeutel mit Sterntülle füllen.

8 Die kalten Cronuts waagerecht halbieren und die Schoko-Kaffee-Sahne auf die unteren Hälften spritzen. Die oberen Hälften mit der Kaffeeglasur bestreichen, mit Schokospänen und -perlen bestreuen und auf die Schoko-Kaffee-Sahne setzen.

Meringenfours mit Kardamom-Schokoladen-Creme

Zutaten für 36–40 Stück

Für die Kardamom-Schokoladen-Creme:
65 g Kardamomschokolade (aus Vollmilch)
30 g Zartbitterschokolade
80 g Sahne
20 g Butter

Für die Meringen:
2 Eiweiß
Salz
100 g Zucker
60 g Puderzucker

Außerdem:
36–40 Amarenakirschen (abgetropft)

1 Am Vortag für die Kardamom-Schokoladen-Creme die Schokoladen fein hacken und in eine Schüssel geben. Sahne und Butter in einem Topf erhitzen. Über die klein gehackte Schokolade gießen, alles zu einer glatten Creme verrühren und auskühlen lassen. Zugedeckt über Nacht ruhen lassen.

2 Am nächsten Tag für die Meringen die Eiweiße mit 1 Prise Salz und dem Zucker in einem Topf unter ständigem Rühren lauwarm erhitzen. Dann mit den Quirlen des Handrührgeräts steif und anschließend kalt schlagen. Den Puderzucker dazusieben und mit dem Schneebesen unterheben. Den Eischnee in einen Spritzbeutel mit kleiner Lochtülle (4 mm Durchmesser) füllen.

3 Den Backofen auf 50 °C vorheizen und ein Backblech mit Backpapier belegen. Die Baisermasse zu Schnecken (à 3 ½ cm Durchmesser) auf das Backblech spritzen. Auf die Ränder jeweils einen Ring spritzen, damit die Meringen einen Rand bekommen. Das Baiser im Ofen auf der mittleren Schiene etwa 3 Stunden trocknen lassen. Die Meringen herausnehmen und vollständig abkühlen lassen.

4 Die fest gewordene Schokoladencreme im warmen Wasserbad erwärmen, bis sie streichfähig ist, und die Meringen kuppelförmig damit füllen. Die Meringenfours mit je 1 kleinen Amarenakirsche belegen.

Angelika Schwalber empfiehlt

Aus der Meringenmasse kann man auch kleine Bärentatzen auf ein Blech spritzen und im Backofen 3 Stunden trocknen lassen. Die Bärentatzen mit 120 g Nougatmasse füllen und mit Vanilleeis servieren.

Kaiserschmarrentörtchen mit Preiselbeerkompott

Zutaten für 8 Personen

Für den Teig:
4 Eier
20 g Zucker
Salz
100 g Mehl
200 ml Milch
1 Msp. Vanillemark
1 Msp. abgeriebene unbehandelte Zitronenschale

Für den Guss:
180 ml Milch
2 Eier
2 EL Zucker
1 Msp. abgeriebene unbehandelte Zitronenschale
1 Msp. Vanillemark
50 g Marzipanrohmasse

Für das Preiselbeerkompott:
150 g Preiselbeeren (frisch oder tiefgekühlt)
10 g Speisestärke
150 ml Cranberrysaft
2–3 EL Zucker
1 Msp. Vanillemark
1 Msp. abgeriebene unbehandelte Zitronenschale

Für die Schlagsahne:
250 g Sahne
1 Päckchen Sahnesteif
1 EL Zucker

Außerdem:
ca. 3 EL Butter zum Backen und für die Ringe
3 TL Zucker zum Bestreuen

1 Für den Teig die Eier trennen und die Eiweiße mit dem Zucker und 1 Prise Salz zu cremigem Schnee schlagen. Das Mehl mit der Milch und den Eigelben verrühren. Das Vanillemark und die Zitronenschale unterrühren und den Eischnee unterheben.

2 In einer Pfanne etwas Butter erhitzen. Ein Drittel des Teigs in die Pfanne geben und etwa 2 Minuten backen, bis die Unterseite goldgelb ist. Den Pfannkuchen wenden und die andere Seite ebenfalls goldgelb backen. Dann mit einem Holzspatel in Stücke stechen. Die Stücke mit 1 TL Zucker bestreuen. ½ EL Butter dazugeben und kurz karamellisieren. Den Kaiserschmarren auf einen Teller geben. Den restlichen Teig genauso backen.

3 Den Backofen auf 180 °C vorheizen. Sechs Dessertringe (à 7 cm Durchmesser) mit Butter einfetten und unten mit Backpapier auskleiden. Die Ringe auf Backpapier stellen, den Kaiserschmarren darin verteilen und andrücken.

4 Für den Guss alle Zutaten in einen hohen Rührbecher geben und mit dem Stabmixer fein pürieren. Etwa ein Drittel des Gusses auf dem Kaiserschmarren verteilen. Den Kaiserschmarren im Ofen auf der mittleren Schiene 10 Minuten backen. Den restlichen Guss darüber verteilen und den Kaiserschmarren weitere 15 bis 20 Minuten goldbraun überbacken. Herausnehmen und in den Ringen abkühlen lassen.

5 Für das Preiselbeerkompott die Preiselbeeren verlesen, waschen und abtropfen lassen (tiefgekühlte Beeren auftauen lassen). Die Speisestärke mit 3 EL Cranberrysaft verrühren. Den restlichen Saft mit Zucker, Vanillemark und Zitronenschale zum Kochen bringen. Die Speisestärkemischung dazugeben und aufkochen lassen. Die Preiselbeeren hinzufügen und alles 1 Minute köcheln lassen. Das Kompott in eine Schüssel geben und abkühlen lassen.

6 Für die Schlagsahne die Sahne mit Sahnesteif und Zucker steif schlagen und in einen Spritzbeutel mit großer Lochtülle geben. Die Sahne so auf den Kaiserschmarren spritzen, dass eine gerade Oberfläche entsteht. Das Kompott auf der Sahne verteilen und die Kaiserschmarrentörtchen in den Ringen etwa 30 Minuten kühl stellen.

7 Die Törtchen in den Ringen auf Dessertteller stellen. Die Ringe mit einem Messer vorsichtig von den Törtchen lösen, abheben und die Kaiserschmarrentörtchen servieren.

Macarons »Champagner rosé«

Zutaten für 6–8 Stück

Für die Champagner-Canache:
90 g Sahne
200 g weiße Schokolade
1 TL Rosenwasser (aus der Apotheke)
50 ml Champagner rosé

Für den Macaronteig:
75 g Puderzucker
45 g Mandelmehl
1 Eiweiß (exakt 35 g)
10 g Zucker
etwas rote Lebensmittelfarbe

Für die Verzierung:
ca. 200 g frische Himbeeren
gezuckerte Rosenblätter (siehe Tipp)
Goldflocken (aus der Backwaren-Fachabteilung oder dem Internet)

1 Am Vortag für die Champagner-Canache die Sahne in einem Topf erhitzen. Die Schokolade in kleine Stücke hacken, in einer Schüssel mit der heißen Sahne übergießen und zu einer glatten und glänzenden Masse verrühren. Das Rosenwasser und den Champagner dazugeben, kurz mit dem Stabmixer durchrühren und über Nacht in den Kühlschrank stellen.

2 Am nächsten Tag für den Macaronteig den Puderzucker mit dem Mandelmehl im Blitzhacker ganz fein zermahlen und durch ein feines Sieb sieben. Das Eiweiß mit dem Zucker zu festem Eischnee schlagen. Wenn die Masse richtig weiß ist, etwas Lebensmittelfarbe dazugeben und weiterschlagen, bis der Teig gleichmäßig rosafarben ist.

3 Die Mandelmischung auf dreimal zur Baisermasse geben. Der Macaronteig hat die ideale Konsistenz, wenn er in einem Band vom Kochlöffel fließt. Den Teig in einen Spritzbeutel mit Lochtülle füllen und auf ein mit Backpapier belegtes Backblech kleine Kreise (à 5 bis 6 cm Durchmesser) spritzen. Diese 30 Minuten ruhen lassen.

4 Den Backofen auf 140 °C (Umluft) vorheizen. Die Macarons im Ofen auf der mittleren Schiene 12 bis 15 Minuten backen. Nach dem Backen die Macarons vorsichtig vom Backblech nehmen und auf einem Kuchengitter auskühlen lassen.

5 Etwas Champagner-Canache in einen Spritzbeutel mit Sterntülle füllen, die restliche Canache in einen Spritzbeutel mit kleiner Sterntülle geben. Auf die Hälfte der Macarons auf die glatte Fläche etwas Canache aus dem Spritzbeutel mit der größeren Sterntülle spritzen. Mit Himbeeren belegen und die Zwischenräume mit Canache aus dem Spritzbeutel mit der kleineren Tülle ausfüllen. Mit den restlichen Macarons belegen und jeweils mit einer kleinen Canacherosette, einem gezuckerten Rosenblatt (siehe Tipp), Goldflocken und nach Belieben Himbeeren verzieren.

Angelika Schwalber empfiehlt

Für die gezuckerten Rosenblätter 6 bis 8 nicht zu große ungespritzte Rosenblätter dünn mit verquirltem Eiweiß bestreichen und anschließend mit feinstem Zucker bestreuen. Die Rosenblätter vor der Verwendung ganz trocknen lassen.

Schokoladen-Margaretenküchlein mit frischen Beeren

1 Für den Schokoladenteig den Backofen auf 160 °C vorheizen. Die Förmchen (Blumenbackförmchen; 7 cm Durchmesser, 3 cm hoch) mit Butter einfetten und mit Kakaopulver ausstäuben.

2 Mehl, Backpulver, Kakaopulver, Natron und Puderzucker mischen und in eine Schüssel sieben. Die Zartbitterschokolade klein hacken und mit der Milch und der Butter in einem Topf schmelzen und zu einer glatten Masse rühren. Die Schokoladenmasse nach und nach unter die trockenen Zutaten rühren.

3 Buttermilch, Eier, Rum, 1 Prise Salz sowie Vanillemark mischen und dazugeben. Alles 1 Minute gut verrühren. Die Masse in die Formen füllen und im Ofen auf der mittleren Schiene 25 bis 30 Minuten backen. Herausnehmen, auskühlen lassen und aus den Formen lösen.

4 Für die Vanillecreme das Puddingpulver mit 2 EL Milch und dem Zucker glatt rühren. Die restliche Milch in einem Topf aufkochen, das angerührte Puddingpulver unter Rühren dazugeben und zu einem Pudding kochen. Vom Herd nehmen, direkt mit Frischhaltefolie abdecken und auskühlen lassen.

5 Die Beeren verlesen, waschen und trocken tupfen. Den abgekühlten Pudding und die weiche Butter mit den Quirlen des Handrührgeräts zu einer glatten Creme verrühren und in einen Spritzbeutel mit Lochtülle (1/2 cm Durchmesser) füllen.

6 Die Margaretenküchlein zweimal waagerecht durchschneiden, etwas Vanillecreme auf die unteren Böden spritzen und etwa drei Viertel der Beeren darauf verteilen. Mit etwas Creme bedecken, die mittleren Böden darauflegen und leicht andrücken.

7 Auf die mittleren Böden die Creme 1/2 cm dick aufspritzen, die obersten Böden darauflegen und leicht andrücken, sodass die Creme zu sehen ist, aber nicht herausquillt. Die Margaretenküchlein mit je 1 Cremerosette und den restlichen Beeren garnieren und dünn mit Puderzucker bestäuben.

Zutaten für 10 Stück

Für den Schokoladenteig:
125 g Mehl
1/2 TL Backpulver
30 g Kakaopulver
1/4 TL Natron
100 g Puderzucker
125 g Zartbitterschokolade
90 ml Milch
125 g weiche Butter
60 ml Buttermilch
2 Eier
1 EL Rum
Salz
1 Msp. Vanillemark

Für die Vanillecreme:
1 EL Vanillepuddingpulver
100 ml Milch
1 EL Zucker
70 g weiche Butter

Außerdem:
Butter und Kakaopulver für die Förmchen
je 1 Schälchen (à 125 g) Himbeeren, Brombeeren und Heidelbeeren
Puderzucker zum Bestäuben

Passionsfruchtschnitte mit Buttermilchmousse

Zutaten für 20 Stücke

Für den Blätterteig:
1 Packung Blätterteig (ca. 275 g, aus dem Kühlregal; auf Backpapier ausgerollt)
2–3 EL Zucker
3 EL flüssige Kuvertüre

Für die Buttermilchmousse:
5 Blatt Gelatine
400 ml Buttermilch
3 EL Puderzucker
4 EL Limettensaft
2 Eiweiß
Salz
3 EL Zucker
200 g Sahne

Für das Passionsfruchtgelee:
2 Blatt Gelatine
100 g ausgelöstes Passionsfruchtfleisch
110 g Zucker
70 ml trockener Weißwein
½ TL Pektin (aus dem Bioladen)

1 Am Vortag für den Blätterteig den Backofen auf 220 °C vorheizen. Den Teig zu einem Rechteck von 30 x 20 cm zuschneiden, mit Zucker bestreuen und im Ofen auf der mittleren Schiene 7 bis 10 Minuten backen. Herausnehmen und vollständig abkühlen lassen. Dann auf die Größe 25 x 20 cm zurechtschneiden und dünn mit der flüssigen Zartbitterkuvertüre bestreichen.

2 Für die Buttermilchmousse die Gelatine in kaltem Wasser einweichen. Buttermilch, Puderzucker und Limettensaft in einer Rührschüssel mischen. Die Eiweiße mit 1 Prise Salz und dem Zucker mit den Quirlen des Handrührgeräts zu cremigem Schnee schlagen. Die Sahne ebenfalls steif schlagen.

3 Die Gelatine ausdrücken und bei schwacher Hitze auflösen. Etwas Buttermilch-Mischung unterrühren, dann unter die restliche Buttermilch-Mischung rühren und kühl stellen. Sobald die Masse zu gelieren beginnt, den Eischnee und die Sahne unterheben.

4 Den Blätterteig auf eine Platte legen, einen Tortenrahmen (25 x 20 cm) darumstellen und die Buttermilchmasse hineinfüllen. Die Mousse im Kühlschrank etwa 1 Stunde fest werden lassen.

5 Für das Passionsfruchtgelee die Gelatine in kaltem Wasser einweichen. Das Passionsfruchtfleisch, Zucker, Wein und Pektin in einem Topf mischen und aufkochen. Alles 4 bis 5 Minuten köcheln lassen, dabei den Schaum abschöpfen. Die Gelatine ausdrücken und in der Flüssigkeit auflösen. Sobald die Flüssigkeit abgekühlt ist, auf die Mousse geben und über Nacht im Kühlschrank fest werden lassen.

6 Am nächsten Tag vorsichtig den Tortenrahmen entfernen und das Gebäck in 5 x 5 cm große Schnitten schneiden.

Angelika Schwalber empfiehlt

Sehr gut schmecken die Schnitten auch, wenn man statt der Passionsfrüchte (Maracujas) Erdbeeren nimmt und diese fein püriert. Zum Süßen des Fruchtmuses reichen dann 80 g Zucker vollkommen aus.

Mousse-au-chocolat-Törtchen mit Jasminteekern

Zutaten für 6 Stück

Für die Glasur:
5 Blatt Gelatine
110 g Zucker
50 g Kakaopulver
60 g Sahne

Für den Jasminteekern:
1 Blatt Gelatine
80 g Sahne
Mark von 1/2 Vanilleschote
1 TL Jasmintee
1 EL Zucker
1 Eigelb
1 Msp. abgeriebene unbehandelte Zitronenschale
Salz

Für die Mousse au chocolat:
150 g Zartbitterkuvertüre
1 Ei
30 g Zucker
200 g Sahne

Außerdem:
Schokoladen-Sandkuchenboden (Fertigprodukt)

1 Für die Glasur am Vortag die Gelatine in kaltem Wasser einweichen. Zucker mit Kakaopulver, 60 ml Wasser und der Sahne in einem Topf aufkochen. Die Gelatine ausdrücken, dazugeben und unter Rühren auflösen. Die Glasur über Nacht stehen lassen.

2 Für den Jasminteekern die Gelatine in kaltem Wasser einweichen. Die Sahne mit dem Vanillemark in einem Topf aufkochen, den Tee dazugeben und 3 Minuten ziehen lassen. Den Zucker und das Eigelb schaumig rühren. Die Vanille-Tee-Sahne durch ein Sieb gießen und heiß unter die Schaummasse rühren. Die ausgedrückte Gelatine hinzufügen und unter Rühren auflösen. Die Zitronenschale und 1 Prise Salz unterrühren. Die Masse in kleine Silikon-Pralinen-Kegelformen (2,6 cm Durchmesser, 2,8 cm hoch) füllen und über Nacht in das Tiefkühlfach stellen.

3 Am nächsten Tag für die Mousse au chocolat die Kuvertüre hacken und in einer Metallschüssel im heißen Wasserbad unter Rühren schmelzen. Das Ei trennen. Das Eiweiß mit dem Zucker in einer Schüssel cremig schlagen. In einem kleinen Topf 50 g Sahne aufkochen und unter das Eigelb rühren. Danach die flüssige Kuvertüre unter die Ei-Sahne-Masse mischen. Die restliche Sahne steif schlagen und mit dem Eischnee unter die Schokoladenmasse heben.

4 Die Mousse in 6 Silikon-Halbkugelformen (7 1/2 cm Durchmesser, 5 cm hoch) füllen. Die gefrorenen Jasminteekerne hineindrücken und einen entsprechend ausgestochenen Schokoladen-Sandkuchenboden darauflegen und andrücken. Noch einmal einfrieren.

5 Die Glasur auf etwa 40 °C erwärmen und die gestürzten, noch gefrorenen Mousse-au-chocolat-Törtchen damit überziehen. Auftauen lassen und nach Belieben mit je 1 runden Schokoladenblättchen, 1 Goldperle und 1 Jasminblüte (aus Zucker) garnieren.

Angelika Schwalber empfiehlt

Mousse-au-chocolat-Törtchen mit fruchtigem, rosafarbenem Kern zählt ebenfalls zu meinen Favoriten. Dafür verwende ich anstelle des Jasmintees 3 EL Himbeerpüree und nehme 1/2 Blatt Gelatine mehr.

Hugo-Biskuitroulade

1 Für den Biskuit den Backofen auf 210 °C vorheizen. Ein Backblech mit Backpapier belegen. Die Butter und den Sirup in einem Topf erhitzen. Die Eier trennen und die Eiweiße mit dem Zucker und 1 Prise Salz zu cremigem Schnee schlagen. Die Eigelbe, das Vanillemark und die Zitronenschale unterrühren.

2 Das Mehl mit der Speisestärke und dem Backpulver mischen, auf die Eimasse sieben und unterheben. Zum Schluss die heiße Butter-Sirup-Mischung mit der Minze unterheben. Die Biskuitmasse gleichmäßig auf dem Blech verteilen und im Ofen auf der mittleren Schiene 10 bis 12 Minuten goldbraun backen.

3 Den Biskuit aus dem Ofen nehmen und mit Zucker bestreuen, auf Backpapier stürzen und vollständig auskühlen lassen.

4 Für die Füllung die Gelatine in kaltem Wasser einweichen. In einem Topf 3 EL Sekt erhitzen, die Gelatine ausdrücken und in dem Sekt auflösen. Den restlichen Sekt mit dem Sirup und Zucker mischen. Die aufgelöste Gelatine unterrühren und Limettensaft und -schale untermischen. Die Mischung etwa 30 Minuten in den Kühlschrank stellen, bis sie leicht geliert.

5 Die Sahne steif schlagen und unter die Sektmischung heben. Das Backpapier abziehen, den Biskuit mit der Sahnefüllung bestreichen und von einer Längsseite her aufrollen. Die Roulade im Kühlschrank 3 bis 4 Stunden fest werden lassen.

6 Zum Servieren die Hugo-Biskuitroulade mit Puderzucker bestäuben, in Stücke schneiden und auf Teller verteilen.

Zutaten für 6–8 Personen

Für den Biskuit:
2 EL Butter
3 EL Holunderblütensirup
4 Eier
120 g Zucker
Salz
1 Msp. Vanillemark
1 Msp. abgeriebene unbehandelte Zitronenschale
70 g Mehl
50 g Speisestärke
1 Msp. Backpulver
1 TL gehackte Minzeblätter

Für die Füllung:
4 Blatt Gelatine
140 ml trockener Sekt
140 ml Holunderblütensirup
50 g Puderzucker
Saft von ½ Limette
½ TL abgeriebene unbehandelte Limettenschale
200 g Sahne

Außerdem:
Zucker zum Bestreuen
Puderzucker zum Bestäuben

Angelika Schwalber empfiehlt

Wenn man beim Füllen und Einrollen feststellt, dass die Sahnefüllung noch etwas zu weich ist, einfach alles nochmal kühl stellen und warten, bis die Sahne fester wird, dann gelingt es besser.

Sherrytörtchen mit karamellisierten Bananen

Zutaten für 8 Stück

Für die Böden:
4 Blätter Filoteig (à 30 x 30 cm)
ca. 150 g Mandelblättchen
Puderzucker zum Bestäuben

Für die Krokant-Mandelblätter:
50 g Zucker
1 Msp. Pektin (aus dem Bioladen)
40 g Butter
1 EL Akazienhonig
60 g gehackte Mandeln

Für die Bananen-Sherry-Sahne:
2 kleine reife Bananen
2 EL brauner Zucker
2 EL Zitronensaft
3 EL Sherry
1 Msp. Vanillemark
1 Msp. abgeriebene unbehandelte Zitronenschale
120 g Sahne
2 Päckchen Sahnesteif

Für die karamellisierten Bananen:
2 Bananen
2 EL brauner Zucker
30 g Butter
2 EL Zitronensaft
1 EL Sherry
1 Msp. abgeriebene unbehandelte Zitronenschale
1 Stück Vanilleschote (ca. 2 cm)

Außerdem:
Minzeblättchen und Lavendelblüten zum Garnieren

1 Für die Böden den Backofen auf 190 °C vorheizen. Ein Backblech mit Backpapier belegen. Ein Filoteigblatt leicht mit Wasser bestreichen und ein zweites Blatt darauflegen. Vierteln, leicht mit Wasser bestreichen und mit der Hälfte der Mandeln bestreuen, diese dabei andrücken. Die Viertel zu Nestern formen, auf das Backblech legen und leicht mit Puderzucker bestäuben. Mit dem restlichen Teig ebenso verfahren. Die Teignester im Ofen auf der mittleren Schiene 8 bis 10 Minuten goldbraun backen. Herausnehmen und auskühlen lassen. Den Ofen angeschaltet lassen.

2 Für die Krokant-Mandelblätter ein Backblech mit Backpapier belegen. Zucker, Pektin, Butter, Honig und 1 TL Wasser in einem Topf bei milder Hitze zu einer homogenen Masse rühren. Dann die Mandeln dazugeben. Aus der Masse mit einem Teelöffel kleine Häufchen auf das Blech geben und im Ofen auf der mittleren Schiene etwa 10 Minuten backen.

3 Für die Bananen-Sherry-Sahne die Bananen schälen und mit einer Gabel zerdrücken. Mit Zucker, Zitronensaft, Sherry, Vanillemark und Zitronenschale verrühren. Die Sahne mit dem Sahnesteif steif schlagen und unterheben.

4 Für die karamellisierten Bananen die Bananen schälen und in 1 cm breite Scheiben schneiden. Den braunen Zucker in einer Pfanne karamellisieren und die Butter dazugeben. Die Bananen hinzufügen, mit dem Zitronensaft und dem Sherry ablöschen. Die Zitronenschale und die Vanilleschote dazugeben. Kurz aufkochen lassen und dann vom Herd nehmen.

5 Die karamellisierten Bananen in den Filoteig-Nestern anrichten und jeweils 1 Klecks Bananen-Sherry-Sahne seitlich auf die Nester setzen. Mit je 1 Krokant-Mandelblatt, Minzeblättchen und Lavendelblüten garnieren.

Spanische Mandelküchlein mit Portweinfeigen

Zutaten für 4 Stück

Für die Portweinfeigen:
4 Feigen
½ TL Puderzucker
40 ml Portwein
1 Stück Vanilleschote (ca. 2 cm)
etwas abgeriebene unbehandelte Orangenschale

Für die Mandelmasse:
100 g weiche Butter
100 g Puderzucker
2 Eier
1 TL abgeriebene unbehandelte Orangenschale
1 Msp. Vanillemark
Salz
4 Tropfen Bittermandelöl
100 g gemahlene Mandeln
2 TL Mehl

Außerdem:
Butter für die Förmchen
Mandelblättchen für die Förmchen und zum Bestreuen
Puderzucker zum Bestäuben

1 Für die Portweinfeigen die Feigen waschen und vierteln. Den Puderzucker in einer Pfanne karamellisieren, die Feigen dazugeben, kurz schwenken und mit dem Portwein ablöschen. Die Vanilleschote und die Orangenschale dazugeben und etwas ziehen lassen. Die Feigen abkühlen lassen.

2 Für die Mandelmasse die Butter und den Puderzucker schaumig rühren. Nach und nach die Eier dazugeben und unterrühren. Die Orangenschale, das Vanillemark, 1 Prise Salz und das Bittermandelöl hinzufügen. Zum Schluss die Mandeln und das Mehl unterrühren.

3 Backofen auf 190 °C vorheizen. Vier Tarteletteförmchen (7 ½ cm Durchmesser) einfetten und mit Mandelblättchen ausstreuen. Die Mandelmasse in die Formen füllen, mit Mandelblättchen bestreuen und die Feigen mit den Schnittflächen nach oben darauflegen. Die Küchlein im Ofen auf der mittleren Schiene 12 bis 15 Minuten backen. Herausnehmen und mit Puderzucker bestäuben. Nach Belieben mit frischen Feigenspalten garnieren.

Angelika Schwalber empfiehlt

Ich gehe gerne auf Nummer sicher und lege zusätzlich entsprechend groß ausgeschnittene Backpapierkreise in die gefetteten Tarteletteförmchen, damit sich die Küchlein nach dem Backen ganz einfach herauslösen lassen. Die Mandelblättchen werden dann auf das Backpapier gestreut.

Aprikosen-Knöpfchen mit Thymian-Hefeteig

1 Für den Hefeteig alle Zutaten außer der Butter in eine Schüssel geben und etwas verkneten. Die Butter dazugeben und alles mit den Knethaken des Handrührgeräts zu einem glatten Teig verkneten. Den Teig mit Frischhaltefolie bedeckt an einem warmen Ort etwa 15 Minuten ruhen lassen.

2 Ein Backblech mit Backpapier belegen. Für die Füllung die Aprikosen waschen, halbieren und entsteinen. Den Teig auf der bemehlten Arbeitsfläche zu einer Rolle formen und in 8 gleich große Stücke teilen. Die Teigstücke zu Kugeln formen und mit etwa 5 cm Abstand auf das Backblech legen. Die Aprikosen mit der Schnittseite nach oben in die Teigkugeln drücken. Die Teigstücke mit Frischhaltefolie bedeckt an einem warmen Ort nochmals 15 Minuten gehen lassen.

3 Den Backofen auf 175 °C vorheizen. Die Aprikosen nochmals in die Teigkugeln drücken. Je ½ TL Zucker und 1 kleines Stück Butter auf die Aprikosen geben. Die Aprikosen-Knöpfchen im Ofen auf der mittleren Schiene etwa 15 Minuten goldbraun backen.

4 Die Aprikosen-Knöpfchen herausnehmen und auf ein Gitter setzen. Das Gebäck mit flüssiger Butter bestreichen und mit Vanillezucker bestreuen. Die Aprikosen-Knöpfchen abkühlen lassen und mit Puderzucker bestäubt servieren.

Zutaten für 8 Stück

Für den Hefeteig:
125 g Mehl
20 g Zucker
7 g frische Hefe
80 ml lauwarme Milch
1 Eigelb
1 Msp. Salz
1 Msp. Vanillemark
1 Msp. abgeriebene unbehandelte Zitronenschale
2 TL Thymianblättchen
20 g weiche Butter

Für die Füllung:
4 reife kleine Aprikosen
4 TL brauner Zucker
1 EL Butter

Außerdem:
Mehl für die Arbeitsfläche
flüssige Butter zum Bestreichen
Vanillezucker zum Bestreuen
Puderzucker zum Bestäuben

Angelika Schwalber empfiehlt

Die Aprikosen werden ein zweites Mal in die Teigkugeln gedrückt, damit sie beim Backen nicht herausfallen. Die Früchte sollten schön reif sein. Ich verwende am liebsten türkische Aprikosen oder die kleinen Zuckeraprikosen.

Ananastarte mit Johannisbeer-Kokos-Creme

Zutaten für 8 Stücke

Für den Mürbeteig:
100 g Mehl
10 g Kokosraspel
1 1/2 EL gemahlene Mandeln
1 1/2 EL Zucker
30 g Puderzucker
1 Prise Salz
75 g weiche Butter

Für die Johannisbeer-Kokos-Creme:
ca. 275 g Rote Johannisbeeren
25 g Speisestärke
150 ml Kokosmilch
2 Eigelb
40 g Zucker
70 g Crème fraîche

Für den Belag:
ca. 3/4 Ananas (extra sweet)
1 Päckchen klarer Tortenguss
1/4 l klarer Apfelsaft oder
klarer Ananassaft

Außerdem:
Butter und Mehl für die Form
Mehl für die Arbeitsfläche
300 g getrocknete Hülsenfrüchte
zum Blindbacken

1 Für den Mürbeteig alle Zutaten, wie auf S. 30 beschrieben, zu einem glatten Teig verkneten. Zu einem Rechteck formen, in Frischhaltefolie wickeln und 2 bis 3 Stunden in den Kühlschrank legen.

2 Den Backofen auf 190 °C vorheizen. Eine Tarteform (20 cm Durchmesser) mit Butter einfetten und mit Mehl ausstäuben. Den Mürbeteig auf der bemehlten Arbeitsfläche ausrollen, die Form damit auslegen und den Teig bis unter den Rand hochziehen. Auf Backpapier einen Kreis (25 cm Durchmesser) skizzieren und ausschneiden. Den Rand des Kreises im Abstand von 3 cm jeweils 2 1/2 cm tief einschneiden. Das Papier auf den Teig legen und die Hülsenfrüchte darauf verteilen. Die Tarte im Ofen auf der mittleren Schiene 10 Minuten blindbacken.

3 Die Form aus dem Ofen nehmen, das Backpapier mit den Hülsenfrüchten vorsichtig entfernen und den Boden weitere 10 Minuten backen. Herausnehmen und den Boden in der Form auskühlen lassen.

4 Für die Johannisbeer-Kokos-Creme die Johannisbeeren waschen und abtropfen lassen. Die Beeren mit einer Gabel von den Rispen streifen und in einem hohen Rührbecher mit dem Stabmixer kurz pürieren. Das Püree durch ein feines Sieb streichen und 130 g Johannisbeermark abwiegen.

5 Die Speisestärke mit 2 EL Kokosmilch und den Eigelben verrühren. Die restliche Kokosmilch mit dem Zucker in einem Topf zum Kochen bringen. Die Speisestärkemischung unterrühren und aufkochen lassen. Vom Herd nehmen, die Crème fraîche und das Johannisbeermark unterrühren.

6 Den Mürbeteigboden aus der Form lösen und auf eine Platte geben. Die heiße Johannisbeer-Kokos-Creme auf dem Boden verteilen und abkühlen lassen.

7 Für den Belag die Ananas vierteln, schälen und den harten Strunk herausschneiden. Die Viertel in etwa 1 cm dicke Scheiben und diese in 2 cm große Stücke schneiden. Die Ananasstücke auf der Tarte verteilen. Den Tortenguss mit dem Saft nach Packungsanweisung zubereiten und sofort auf der Ananastarte verteilen. Die Tarte bis zum Servieren kühl stellen.

Apple Pie mit Holunderblütensirup

Zutaten für 8 Stücke

Für den Mürbeteig:
150 g Mehl
50 g Puderzucker
1 Msp. abgeriebene unbehandelte Zitronenschale
1 Msp. Vanillemark
Salz
1 Eigelb
100 g weiche Butter

Für die Marzipan-Grieß-Füllung:
2 EL Hartweizengrieß
2 Eigelb
240 ml Milch
1 EL Zucker
60 g Marzipanrohmasse
1 TL abgeriebene unbehandelte Orangenschale
Salz
1 Msp. Vanillemark
1 Msp. abgeriebene unbehandelte Zitronenschale
5 Tropfen Orangenblütenöl

Für die Apfelfüllung:
450 g Äpfel
1 EL brauner Zucker
½ TL Zimtpulver
2 EL Zitronensaft
1 Msp. abgeriebene unbehandelte Zitronenschale

Für das Baiser:
2 Eiweiß
100 g Zucker
2–3 EL Holunderblütensirup

Außerdem:
Butter und Mehl für die Form
Mehl für die Arbeitsfläche
½ Granatapfel

1 Für den Mürbeteig das Mehl auf die Arbeitsfläche sieben und in die Mitte eine Mulde drücken. Den Puderzucker mit der Zitronenschale, dem Vanillemark, 1 Prise Salz und dem Eigelb in die Vertiefung geben. Die Butter in Stücken am Rand verteilen. Alles mit den Händen rasch zu einem glatten Teig verkneten, zu einem Rechteck formen, in Frischhaltefolie wickeln und 1 Stunde kühl stellen.

2 Für die Marzipan-Grieß-Füllung den Grieß und die Eigelbe mit 3 EL Milch verrühren. Restliche Milch mit dem Zucker, dem Marzipan, Orangenschale, 1 Prise Salz, Vanillemark und Zitronenschale in einen Topf geben und aufkochen. Den Grieß einrühren, gut aufkochen und zum Schluss das Orangenblütenöl unterrühren. Mit Frischhaltefolie zugedeckt auskühlen lassen.

3 Für die Apfelfüllung die Äpfel vierteln, schälen und die Kerngehäuse entfernen. Die Äpfel raspeln und gut ausdrücken. Die restlichen Zutaten dazugeben und alles gut mischen.

4 Den Backofen auf 180 °C vorheizen. Eine Tarteform (22 cm Durchmesser) mit Butter einfetten und mit Mehl ausstäuben. Den Mürbeteig halbieren. Eine Hälfte auf der bemehlten Arbeitsfläche dünn ausrollen und die Tarteform damit auslegen. Zuerst die Marzipan-Grieß-Füllung, dann die Apfelfüllung hineingeben. Den restlichen Mürbeteig dünn ausrollen, Kreise (à 4 cm Durchmesser) ausstechen und am Rand entlang auf die Füllung legen. Den Apple Pie im Ofen auf der mittleren Schiene etwa 25 Minuten backen.

5 Für das Baiser die Eiweiße mit dem Zucker zu festem Schnee schlagen. Den Sirup unterrühren und die Baisermasse in einen Spritzbeutel mit Sterntülle füllen.

6 Die Granatapfelkerne herauslösen. Dazu die Granatapfelhälfte umgedreht in der Hand halten und mit einem Löffel gegen die Seite schlagen, sodass die Kerne herausfallen.

7 Den Apple Pie aus dem Ofen nehmen, etwas auskühlen lassen, aus der Form lösen und Baiser-Rosetten daraufspritzen. Leicht mit Puderzucker bestäuben und noch einmal etwa 10 Minuten backen. Herausnehmen und mit den Granatapfelkernen bestreut servieren.

Erdbeertörtchen mit leichter Vanillecreme

1 Für den Mürbeteig alle Zutaten, wie auf S. 30 beschrieben, auf der Arbeitsfläche zu einem glatten Teig verkneten. Den Teig zu einem Rechteck formen, in Frischhaltefolie wickeln und 2 bis 3 Stunden in den Kühlschrank legen.

2 Den Backofen auf 180 °C vorheizen. 12 Tartelettförmchen (à 7 cm Durchmesser) mit Butter einfetten und mit Mehl ausstäuben. Aus Backpapier 12 Kreise (à 8 cm Durchmesser) ausschneiden. Die Ränder in 2 cm Abstand etwa 1 cm tief einschneiden. Den Teig auf der bemehlten Arbeitsfläche 3 mm dick ausrollen, mit einem gewellten Ausstecher Kreise (à 8 cm Durchmesser) ausstechen und die Tarteletteförmchen damit auslegen.

3 Die Backpapierkreise auf die Teige legen und die Hülsenfrüchte darauf verteilen. Die Böden im Ofen auf der mittleren Schiene 15 Minuten backen. Dann herausnehmen, Backpapier mit Hülsenfrüchten entfernen und die Böden weitere 5 Minuten goldbraun backen. Herausnehmen und etwas ruhen lassen, dann vorsichtig aus den Formen lösen und auskühlen lassen.

4 Für die Vanillecreme das Ei trennen. Das Eiweiß mit dem Zucker zu cremigem Schnee schlagen. 150 ml Milch mit dem Vanillemark aufkochen. Die restliche Milch mit dem Puddingpulver und dem Eigelb verrühren, zur Vanillemilch geben und die Mischung unter Rühren aufkochen lassen. Den Orangenlikör und den Eischnee unter den heißen Pudding heben. Die Vanillecreme auf den Böden verteilen und abkühlen lassen.

5 Für den Belag die Erdbeeren waschen, putzen und in Scheiben schneiden. Die Erdbeeren dachziegelartig auf der Vanillecreme verteilen. Den Tortenguss mit dem Apfelsaft statt Wasser nach Packungsanweisung zubereiten und auf den Erdbeeren verteilen.

6 Die Minzeblätter mit dem Zucker im Mörser zerreiben und die Törtchen vor dem Servieren mit dem Minzezucker bestreuen.

Zutaten für 12 Stück

Für den Mürbeteig:
150 g Mehl
50 g Puderzucker
1 Msp. abgeriebene unbehandelte Zitronenschale
1 Msp. Vanillemark
1 Prise Salz
100 g weiche Butter

Für die Vanillecreme:
1 Ei
20 g Zucker
200 ml Milch
1 Msp. Vanillemark
½ Päckchen Vanillepuddingpulver
2 EL Orangenlikör (z. B. Cointreau)

Für den Belag:
250 g Erdbeeren
1 Päckchen klarer Tortenguss
¼ l klarer Apfelsaft

Außerdem:
Butter und Mehl für die Förmchen
Mehl für die Arbeitsfläche
getrocknete Hülsenfrüchte zum Blindbacken
3 Minzeblätter
2 EL Zucker

Angelika Schwalber empfiehlt

Sollten sich die Tartelettes schlecht oder gar nicht aus den Formen lösen lassen, z. B. weil sie zu lange standen und kalt geworden sind, hilft es, sie nochmal kurz im Backofen oder mit dem Flambierbrenner zu erwärmen.

Tartelettes mit Melonentrio

Zutaten für 12 Stück

Für den Mürbeteig:
90 g weiche Butter
60 g Puderzucker
Salz
1 Ei
120 g Mehl
1 gestr. TL Backpulver

Für die Melonencreme:
140 g Netzmelonen-Fruchtfleisch (z. B. Galia-Melone; in Stücken)
100 ml Milch
20 g Speisestärke
1 Eigelb
25 g Zucker
2 Msp. Vanillemark
3 EL Limettensaft
1 Msp. abgeriebene unbehandelte Limettenschale
20 g Butter

Für den Belag:
1/4 Wassermelone
3/4 Netzmelone (z. B. Galia-Melone)
1/2 Honigmelone
1 Päckchen klarer Tortenguss
1/4 l klarer Apfelsaft

Außerdem:
Mehl für die Arbeitsfläche
ca. 100 g Zartbitterkuvertüre

1 Am Vortag für den Mürbeteig die Butter cremig rühren. Den Puderzucker, 1 Prise Salz und das Ei unterrühren. Das Mehl mit dem Backpulver in eine Schüssel sieben, mischen und unter die Butter-Ei-Mischung kneten. Den Teig zu einem Rechteck formen, in Frischhaltefolie wickeln und über Nacht in den Kühlschrank legen.

2 Am nächsten Tag den Backofen auf 180 °C vorheizen. Ein Backblech mit Backpapier belegen. Den Teig auf der bemehlten Arbeitsfläche 4 mm dick ausrollen und mit einem Ausstecher oder Glas Kreise (à 6 cm Durchmesser) ausstechen. Die Kreise auf das Blech legen, mit einer Gabel mehrmals einstechen und im Ofen auf der mittleren Schiene 10 bis 12 Minuten goldgelb backen. Herausnehmen und die heißen Teigkreise noch einmal ausstechen, damit die Ränder glatt sind.

3 Für die Melonencreme das Melonenfruchtfleisch in einem hohen Rührbecher mit dem Stabmixer fein pürieren. 4 EL Milch mit der Speisestärke und dem Eigelb verrühren. Die restliche Milch mit dem Zucker und dem Vanillemark aufkochen. Die Stärkemischung dazugeben und unter Rühren 1 Minute kochen lassen. Das Melonenpüree, Limettensaft und -schale unterrühren. Die Creme in einer Schüssel mit Frischhaltefolie bedeckt abkühlen lassen.

4 Für den Belag die Wassermelone in 2 mm dünne Scheiben schneiden und mit einem Ausstecher oder Glas Kreise (à 6 cm Durchmesser) ausstechen. Die Kreise mit Küchenpapier trocken tupfen. Die Netz- und Honigmelone schälen, entkernen und in 1 cm große Stücke schneiden. Alternativ halbieren, entkernen und mit einem Kugelausstecher kleine Kugeln abstechen.

5 Die Kuvertüre grob hacken und in einer Metallschüssel im heißen Wasserbad unter Rühren schmelzen. Die Mürbeteig-Tartelettes mit der Kuvertüre bestreichen.

6 Die Melonencreme mit den Quirlen des Handrührgeräts glatt rühren. Die Butter erhitzen und unter die Melonencreme rühren. Auf jedes Mürbeteig-Tartelette 1 haselnussgroßen Klecks Melonencreme geben, die Wassermelonenscheiben darauflegen und andrücken. Die restliche Melonencreme in einen Spritzbeutel mit 4-mm-Lochtülle geben. Die Creme kreisförmig auf die Wassermelonen spritzen, dabei einen 1/2 cm breiten Rand frei lassen. Die restlichen Melonenstücke oder -kugeln auf dem Rand verteilen.

7 Den Tortenguss mit dem Apfelsaft statt Wasser nach Packungsanweisung zubereiten und auf den Melonen verteilen. Die Tartelettes etwa 1 Stunde in den Kühlschrank stellen.

Bayerische-Creme-Törtchen mit Rosmarinstreuseln

Zutaten für 6 Personen

Für den Streuselteig:
40 g Cornflakes
40 g Marzipanrohmasse
70 g gemahlene Haselnüsse
70 g Mehl
70 g Zucker
100 g Butter
Salz
1 Msp. Vanillemark
1 Msp. abgeriebene unbehandelte Zitronenschale
2 TL gehackter Rosmarin

Für das Zwetschgenkompott:
½ Apfel (ca. 90 g)
½ Birne (ca. 90 g)
225 g Zwetschgen
2 EL Zucker
2 EL Rum
3 EL Johannisbeersaft
6 Soft-Pflaumen
1 Msp. abgeriebene unbehandelte Zitronenschale
2 EL Zitronensaft
1 Stück Zimtstange (ca. 1 cm)
1 Stück Vanilleschote (ca. 2 cm)

Für die Bayerische Creme:
3 Blatt Gelatine
2 Eigelb
30 g Zucker
90 ml Milch
½ Vanilleschote
1 Msp. abgeriebene unbehandelte Zitronenschale
Salz
125 g Sahne

Außerdem:
Öl und Zucker für die Dessertringe
Puderzucker zum Bestäuben

1 Für den Streuselteig den Backofen auf 180 °C vorheizen. Zwei Backbleche mit Backpapier belegen. Die Cornflakes zerbröseln und das Marzipan in 3 x 3 mm große Stücke schneiden. Beides in eine Schüssel geben. Nüsse, Mehl, Zucker, Butter, 1 Prise Salz, Vanillemark, Zitronenschale und Rosmarin dazugeben und zu Streuseln verarbeiten.

2 Mithilfe eines Dessertrings (7 ½ cm Durchmesser) aus zwei Dritteln der Streuselmasse 6 Böden auf ein Backblech setzen und im Ofen auf der mittleren Schiene 12 bis 15 Minuten backen. Herausnehmen, mit dem Dessertring aus den Böden schöne Kreise ausstechen und auskühlen lassen. Die restliche Streuselmasse auf das zweite Blech verteilen und im Ofen etwa 10 Minuten backen. Herausnehmen und auskühlen lassen.

3 Für das Zwetschgenkompott den Apfel und die Birne halbieren, schälen und die Kerngehäuse entfernen. Die Obstviertel in kleine Würfel schneiden. Die Zwetschgen waschen, halbieren, entsteinen und nochmals halbieren.

4 Den Zucker in einer Pfanne schmelzen, die Früchte dazugeben und andünsten. Den Rum und den Johannisbeersaft dazugeben und bei milder Hitze leicht köcheln lassen. Die Pflaumen klein schneiden und mit Zitronenschale, -saft sowie den Gewürzen hinzufügen. Alles zu einem Kompott kochen und abkühlen lassen.

5 Für die Bayerische Creme die Gelatine in kaltem Wasser einweichen. Die Eigelbe mit dem Zucker schaumig schlagen. Die Milch mit der Vanilleschote aufkochen, die Vanilleschote wieder entfernen. Die heiße Vanillemilch unter die Eiermasse rühren. Die Zitronenschale und 1 Prise Salz dazugeben. Die eingeweichte Gelatine ausdrücken und in dem warmen Eier-Milch-Fond unter Rühren auflösen. Diesen zugedeckt kühl stellen. Sobald er zu gelieren beginnt, die Sahne steif schlagen und unterheben.

6 Sechs Dessertringe leicht einölen und zuckern. Um die Böden stellen und das Zwetschgenkompott einfüllen. Die Creme daraufgeben und 3 bis 4 Stunden kühl stellen. Dann die Dessertringe entfernen, die Törtchen mit den Streuseln bestreuen und leicht mit Puderzucker bestäuben. Nach Belieben mit einem Zwetschgenviertel und etwas Rosmarin garnieren.

Ingwersoufflé mit karamellisierten Aprikosen

1 Sechs Souffléförmchen (à 8 cm Durchmesser) mit Butter einfetten und mit Zucker ausstreuen. Für das Ingwersoufflé die Butter mit dem Mehl und dem Ingwer verkneten. Die Vanilleschote längs aufschneiden und das Mark herauskratzen. Die Milch mit Vanilleschote und -mark in einem Topf aufkochen. Die Vanilleschote entfernen und die Butter-Mehl-Mischung nach und nach in die kochende Vanillemilch rühren. Die Masse in eine Schüssel geben und abkühlen lassen.

2 Für die Aprikosen die Früchte waschen, halbieren und entsteinen. Das Fruchtfleisch in Würfel schneiden. Den Zucker gleichmäßig in einem Topf verteilen und bei mittlerer Hitze goldgelb karamellisieren. Die Aprikosen hinzufügen und in dem Karamell schwenken. Den Zitronensaft und das Vanillemark hinzufügen und alles 1 Minute köcheln lassen. Aprikosen samt Sud auf die Souffléförmchen verteilen.

3 Den Backofen auf 200 °C vorheizen. Die Eier trennen. Die Eiweiße mit dem Zucker mit den Quirlen des Handrührgeräts zu cremigem Schnee schlagen. Die Eigelbe unter die Vanillemilch-Masse rühren und den Eischnee unterheben. Die Soufflémasse auf den Aprikosen in den Förmchen verteilen (höchstens bis 1 cm unter den Rand).

4 Ein tiefes Backblech zu etwa zwei Dritteln mit heißem Wasser füllen. Die Förmchen hineinstellen und die Soufflés im Ofen auf der unteren Schiene etwa 25 Minuten goldgelb backen.

5 Die Ingwersoufflés aus dem Ofen nehmen, leicht mit Puderzucker bestäuben und sofort servieren.

Zutaten für 6 Personen

Für das Ingwersoufflé:
25 g weiche Butter
25 g Mehl
½ TL geriebener Ingwer
1 Stück Vanilleschote (ca. 3 cm)
125 ml Milch
2 Eier
25 g Zucker

Für die Aprikosen:
300 g Aprikosen
2 EL Zucker
3 EL Zitronensaft
1 Msp. Vanillemark

Außerdem:
Butter und Zucker für die Förmchen
Puderzucker zum Bestäuben

Angelika Schwalber empfiehlt

Damit das Soufflé schön und gleichmäßig aufgeht, ist es wichtig, dass die Förmchen gut gebuttert und mit Zucker ausgestreut werden. Anstelle von Aprikosen kann man auch Birnen, Pfirsiche oder Rhabarber karamellisieren.

Crème brulée mit Waldfrüchten

Zutaten für 6 Personen

200 g tiefgekühlte Waldbeeren (z. B. Heidelbeeren, Himbeeren, Brombeeren)
1 Vanilleschote
2 Eier
3 Eigelb
90 g Zucker
400 g Sahne
6 EL brauner Zucker zum Bestreuen

1 Die Waldbeeren in einem hohen Rührbecher auftauen lassen, mit dem Stabmixer fein pürieren und durch ein Sieb streichen.

2 Den Backofen auf 150 °C vorheizen. Die Vanilleschote längs aufschneiden und das Mark mit einem spitzen Messer herauskratzen. Die Eier, die Eigelbe, den Zucker und das Vanillemark in einem hohen Rührbecher mit dem Stabmixer verrühren. Sahne und 100 g Waldbeerenpüree nach und nach untermixen.

3 Sechs ofenfeste Förmchen (12 x 12 x 2,5 cm) etwa zu zwei Dritteln mit der Creme füllen. Ein tiefes Backblech zur Hälfte mit heißem Wasser füllen und die Förmchen hineinstellen. Die Creme im Ofen auf der mittleren Schiene 20 bis 25 Minuten stocken lassen. Herausnehmen, abkühlen lassen und 4 Stunden in den Kühlschrank stellen.

4 Kurz vor dem Servieren die Creme mit dem braunen Zucker gleichmäßig bestreuen und mit dem Flambierbrenner oder unter dem vorgeheizten Backofengrill goldbraun karamellisieren. Die Waldfrucht-Crème-brulées nach Belieben mit frischen Beeren garnieren und sofort servieren.

Angelika Schwalber empfiehlt

Diese Crème brulée ist ideal, wenn man Gäste empfängt, denn sie lässt sich sehr gut schon 1 bis 2 Tage im Voraus zubereiten – ganz ohne Einbußen in Geschmack oder Konsistenz. Karamellisiert wird die Creme aber immer erst kurz vor dem Servieren.

Blaubeerpfannkuchen mit Honig-Zimtblüten-Parfait

Zutaten für 4 Personen

Für das Honig-Zimtblüten-Parfait:
3 Zimtblüten
2 Eigelb
35 g Honig
1 EL Puderzucker
1 Msp. abgeriebene unbehandelte Orangenschale
½ TL Zimtpulver
1 Msp. Vanillemark
Salz
125 g Sahne

Für die Blaubeerpfannkuchen:
70 g Mehl
125 ml Milch
2 Eier
40 g Zucker
1 Msp. abgeriebene unbehandelte Zitronenschale
1 Msp. Vanillemark
Salz
200 g Heidelbeeren (frisch oder tiefgekühlt)
20 g Butterschmalz

Außerdem:
Zimtzucker zum Bestreuen
Puderzucker zum Bestäuben

1 Am Vortag für das Honig-Zimtblüten-Parfait die Zimtblüten im Mörser fein mahlen. Die Eigelbe, den Honig und den Puderzucker in einer Schüssel schaumig schlagen. Zimtblüten, Orangenschale, Zimt, Vanillemark und 1 Prise Salz dazugeben und unterrühren. Die Sahne steif schlagen und unterheben. Die Parfaitmasse in eine gefrierfeste Form (idealerweise eine 15 cm lange »Dachrinnenform«) füllen und über Nacht in das Tiefkühlfach stellen.

2 Am nächsten Tag für die Blaubeerpfannkuchen das Mehl und die Milch in einer Schüssel verrühren. Die Eier trennen. Die Eiweiße mit dem Zucker zu einem cremigen Eischnee schlagen. Die Eigelbe, die Zitronenschale, Vanillemark und 1 Prise Salz unter die Mehl-Milch-Mischung rühren. Dann den Eischnee unterheben.

3 Die Blaubeeren verlesen, waschen und trocken tupfen. Die Hälfte des Butterschmalzes in einer großen Pfanne erhitzen. Mit einem kleinen Schöpflöffel 4 Portionen Teig nebeneinander hineingeben, die Hälfte der Blaubeeren daraufstreuen und die Pfanne mit einem Deckel verschließen. Die Pfannkuchen bei milder bis mittlerer Hitze fertig backen, herausnehmen und warm halten. Aus den restlichen Zutaten 4 weitere Pfannkuchen backen.

4 Die Pfannkuchen auf Teller verteilen. Das Parfait aus der Form stürzen, in Scheiben scheiden und daneben anrichten. Mit Zimtzucker bestreuen und mit Puderzucker bestäuben. Nach Belieben mit frischen Himbeeren und Blaubeeren garnieren.

Angelika Schwalber empfiehlt

Die kleinen Pfannkuchen machen sich auch mit blättrig geschnittenen Äpfeln oder Roten Johannisbeeren sehr gut. Und wenn's schnell gehen soll, kann man statt selbst gemachtem Parfait auch ein fertiges Vanilleeis dazu servieren.

Gebackene Ravioli mit Früchten

1 Für den Strudelteig das Öl und 90 ml Wasser jeweils in einem Topf erhitzen. Das Mehl sieben und mit dem Zucker und 1 Prise Salz in einer Rührschüssel mischen. Das Öl, das Wasser, das Ei und das Eigelb gleichzeitig zum Mehl geben und alles mit den Knethaken des Handrührgeräts zu einem glatten Teig verkneten. Den Teig halbieren, zu zwei Kugeln formen und mit Frischhaltefolie bedeckt mindestens 15 Minuten ruhen lassen.

2 Für die Füllung die Beeren verlesen, waschen und trocken tupfen. 50 g Beeren für die Garnierung beiseitelegen. Die restlichen Zutaten in einer Schüssel verrühren. Die Beeren hinzufügen und unterheben.

3 Den Backofen auf 200 °C vorheizen. Eine Teigkugel auf der leicht bemehlten Arbeitsfläche zu einem Rechteck von 45 x 30 cm ausrollen. Auf eine Teighälfte mit einem Löffel 12 walnussgroße Häufchen Beerenfüllung in etwa 5 cm Abstand setzen. Mit einem Pinsel die Zwischenräume leicht mit Wasser bestreichen. Die andere Teighälfte darüberlegen. Den Teig eventuell noch etwas in Form ziehen und zwischen den Füllungen gut andrücken. Mit einem Teigrädchen zwischen den Füllungen entlangschneiden, sodass etwa 5 x 5 cm große Ravioli entstehen.

4 Die Ravioli mit einer Gabel einstechen, damit beim Backen Dampf entweichen kann. Die Ravioli auf ein mit Backpapier ausgelegtes Backblech legen. Die zweite Teigkugel und die restliche Füllung genauso zu Ravioli verarbeiten. Die Ravioli nacheinander im Ofen auf der mittleren Schiene etwa 10 Minuten goldbraun backen.

5 Inzwischen die Konfitüre in einem Topf erhitzen und durch ein Sieb streichen. Die Ravioli herausnehmen und noch heiß mit der Konfitüre bestreichen.

6 Für die Vanillesauce 3 EL Milch mit dem Puddingpulver und dem Eigelb verrühren. Die Vanilleschote längs aufschneiden und das Mark mit einem spitzen Messer herauskratzen. Die restliche Milch mit der Sahne, dem Zucker, Vanilleschote und -mark in einem Topf aufkochen. Die Vanilleschote entfernen, die Puddingpulvermischung hinzufügen und unter Rühren 1 Minute köcheln lassen.

7 Die warmen Ravioli mit der heißen Vanillesauce auf Tellern anrichten und mit den beiseitegelegten Beeren garnieren. Die Ravioli leicht mit Puderzucker bestäuben.

Zutaten für 6 Personen

Für den Strudelteig:
60 ml Öl
240 g Mehl
½ EL Zucker
Salz
1 Ei
1 Eigelb

Für die Füllung:
250 g gemischte Beeren (Himbeeren, Heidelbeeren, Brombeeren)
2 EL Mascarpone
1 EL Zucker
1 EL Sahne
1 EL Zitronensaft
1 Prise Salz
1 Msp. abgeriebene unbehandelte Zitronenschale
1 Msp. Vanillemark

Für die Vanillesauce:
200 ml Milch
1 EL Vanillepuddingpulver
1 Eigelb
½ Vanilleschote
50 g Sahne
2 EL Zucker

Außerdem:
Mehl für die Arbeitsfläche
3–4 EL Aprikosenkonfitüre zum Bestreichen
Puderzucker zum Bestäuben

Erdbeer-Topfenknödel mit Kokos-Brösel-Butter

Zutaten für 4 Personen

Für die Topfenknödel:
125 g Speisequark (20 % Fett; oder Topfen)
1 Eigelb
25 g weiche Butter
70 g Mehl
½ TL Backpulver
je 1 Msp. abgeriebene unbehandelte Orangen- und Zitronenschale
1 Msp. Vanillemark
Salz
8–10 kleine Erdbeeren
1 EL Zucker
½ Zimtstange
1 Stück unbehandelte Zitronenschale

Für den Orangen-Champagner-Schaum:
4 Eigelb
20 g Zucker
100 ml frisch gepresster Orangensaft
2 EL Champagner (oder Sekt)
Saft von ½ Zitrone

Für die Kokos-Brösel-Butter:
25 g Kokosraspel
25 g Semmelbrösel
25 g Butter
1 EL Zucker

Außerdem:
40 g flüssige Butter
Puderzucker zum Bestäuben

1 Für die Topfenknödel den Quark in einem Tuch etwas ausdrücken. Das Eigelb und die Butter in einer Schüssel cremig schlagen. Das Mehl mit dem Backpulver sieben und mit dem Quark, Orangen- und Zitronenschale, Vanillemark und 1 Prise Salz unter die Eigelbmasse kneten. Den Teig 20 Minuten ruhen lassen.

2 Falls der Teig zu weich sein sollte, noch etwas Mehl dazugeben. Die Erdbeeren waschen, putzen und trocken tupfen. Den Teig in 8 bis 10 Portionen teilen und diese zu flachen Kreisen drücken. Jeweils in die Mitte 1 Erdbeere legen, mit Teig umhüllen und zu einem runden Knödel formen.

3 In einem Topf reichlich Wasser mit dem Zucker, der Zimtstange und der Zitronenschale zum Kochen bringen. Die Knödel hineinlegen, einmal aufkochen lassen und bei schwacher Hitze etwa 10 Minuten gar ziehen lassen.

4 Inzwischen für den Orangen-Champagner-Schaum die Eigelbe und den Zucker in einer Schüssel mischen und im heißen Wasserbad cremig aufschlagen. Nach und nach den Orangensaft, den Champagner und den Zitronensaft unterrühren und alles zu einer dicklichen Masse aufschlagen.

5 Für die Kokos-Brösel-Butter die Kokosraspel in einer Pfanne leicht anrösten. Die Semmelbrösel, die Butter und den Zucker dazugeben, die Butter schmelzen lassen und alles gut mischen.

6 Zum Servieren die Erdbeerknödel mit dem Schaumlöffel aus dem Wasser nehmen, abtropfen lassen und auf Teller geben. Mit der flüssigen Butter beträufeln und die Kokos-Brösel-Butter darauf verteilen. Leicht mit Puderzucker bestäuben. Den Orangen-Champagner-Schaum daneben anrichten und nach Belieben mit Erdbeeren und Minze garnieren.

Angelika Schwalber empfiehlt

Den Erdbeer-Topfenknödeln können Sie mit etwas frisch darübergemahlenem Sichuanpfeffer eine besonders raffinierte Note verleihen.

WITH
LOVE

Frische Haselnusskipferl mit Himbeermousse

Zutaten für 6 Stück

Für den Mürbeteig:
110 g Mehl
45 g gemahlene Haselnüsse
30 g Puderzucker
Mark von 2 Vanilleschoten
Salz
1 Eigelb
75 g weiche Butter
100 g Zucker

Für die Himbeermousse:
150 g Himbeeren (tiefgekühlt)
2 Blatt Gelatine
1 EL Zitronensaft
1 EL Himbeergeist
1 TL gehackter Thymian
1 Eiweiß
50 g Zucker
100 g Sahne

Für den Quitten-Orangen-Sud:
2 EL Blütenhonig
30 g Zucker
50 ml trockener Weißwein
125 ml Quittensaft
150 ml frisch gepresster Orangensaft
1 Stück Vanilleschote (ca. 2 cm)
1 Lorbeerblatt
2 Zacken Sternanis

Für den Vanilleschaum:
1 gestr. TL Speisestärke
100 ml Milch
½ EL Zucker
1 Stück Vanilleschote (ca. 2 cm)

Außerdem:
Mehl für die Arbeitsfläche
Puderzucker zum Bestäuben
einige Himbeeren und Minzeblätter zum Garnieren

1 Für den Mürbeteig das Mehl auf die Arbeitsfläche sieben, die Haselnüsse untermischen und in die Mitte eine Mulde drücken. Den Puderzucker mit dem Mark von 1 Vanilleschote, 1 Prise Salz und dem Eigelb in die Vertiefung geben. Die Butter in Stücken am Rand verteilen. Alles mit den Händen rasch zu einem glatten Teig verkneten, zu einem Rechteck formen, in Frischhaltefolie wickeln und 2 bis 3 Stunden kühl stellen.

2 Für die Himbeermousse die Himbeeren auftauen lassen. Die Gelatine in kaltem Wasser einweichen. Die Himbeeren mit dem Stabmixer pürieren und durch ein feines Sieb streichen. Das Himbeerpüree mit Zitronensaft, Himbeergeist und Thymian verrühren.

3 Das Eiweiß und den Zucker cremig schlagen. Die Sahne steif schlagen. Die Gelatine ausdrücken und in einem Topf bei schwacher Hitze unter Rühren auflösen. Etwas Himbeerpüree unterrühren und unter die restliche Himbeermasse geben. Den Eischnee und die Sahne unterheben. Die Himbeermousse im Kühlschrank fest werden lassen.

4 Den Backofen auf 180 °C vorheizen. Ein Backblech mit Backpapier auslegen. Den Teig in 12 gleich große Stücke teilen und daraus auf der bemehlten Arbeitsfläche spitz zulaufende 10 cm lange Röllchen formen. Zu Hörnchen formen, auf das Backblech legen und im Ofen auf der mittleren Schiene 12 bis 15 Minuten backen.

5 Die Haselnusskipferl herausnehmen. Den Zucker mit dem restlichen Vanillemark mischen und die Hälfte der noch warmen Kipferl darin wenden.

6 Für den Quitten-Orangen-Sud den Honig und den Zucker in einem Topf erwärmen. Wein, Quitten- und Orangensaft dazugeben und auf die Hälfte einköcheln lassen. Die Gewürze hinzufügen und 15 Minuten ziehen lassen. Die Gewürze wieder entfernen und den Sud abkühlen lassen.

7 Für den Vanilleschaum die Speisestärke mit 1 EL Milch anrühren. Die restliche Milch mit dem Zucker und der Vanilleschote aufkochen und mit der Speisestärke binden. Die Vanilleschote wieder entfernen und die Vanillemilch mit dem Stabmixer aufschäumen.

8 Zum Servieren die nicht gezuckerten Haselnusskipferl auf Dessertteller legen. Darauf je 1 Nockerl Himbeermousse setzen und 1 gezuckertes Kipferl schräg darauflegen. Leicht mit Puderzucker bestäuben und mit dem Quitten-Orangensud und dem Vanilleschaum, Himbeeren und Minze garnieren.

Beerengelee mit Rahmjoghurt

1 Am Vortag für das Beerengelee den Saft mit Zimt, Sternanis und Gewürznelken in einen Topf geben und auf ¼ l einköcheln lassen. Den Saft abkühlen lassen.

2 Die Erdbeeren waschen, putzen und halbieren bzw. vierteln. Die anderen Beeren verlesen, waschen und trocken tupfen. Die Beeren auf vier Soufflèförmchen (à 210 ml Inhalt) oder Glasschälchen verteilen.

3 In eine Schüssel 120 ml kalten Fruchtsaft geben und die Gelatine darin etwa 10 Minuten einweichen. Den restlichen Saft mit Zucker und Zitronensaft in einem Topf aufkochen. Vom Herd nehmen, die eingeweichte Gelatine samt Saft dazugeben und unter Rühren auflösen. Die Saftmischung auf den Beeren in den Förmchen verteilen und über Nacht im Kühlschrank fest werden lassen.

4 Am nächsten Tag für den Rahmjoghurt den Joghurt mit Zucker, Vanillemark und Orangenschale verrühren.

5 Die Förmchen in warmes Wasser tauchen und das Gelee auf Teller stürzen. Den Rahmjoghurt neben dem Beerengelee anrichten und das Dessert mit frischen Beeren, Minzeblättern und nach Belieben mit gerösteten Walnüssen garnieren.

Zutaten für 4 Personen

Für das Beerengelee:
400 ml Sauerkirsch- oder Johannisbeersaft
¼ Zimtstange
2 Zacken Sternanis
2 Gewürznelken
je 100 g Erdbeeren, Heidelbeeren und Himbeeren
80 g Brombeeren
3 Blatt Gelatine
2 EL Zucker
3 EL Zitronensaft

Für den Rahmjoghurt:
150 g griechischer Joghurt (10 % Fett)
1 EL Zucker
1 Msp. Vanillemark
1 Msp. abgeriebene unbehandelte Orangenschale

Außerdem:
Beeren und Minzeblätter zum Garnieren

Angelika Schwalber empfiehlt

Alternativ kann das Gelee auch aus 150 ml Rotwein und 350 ml Fruchtsaft zubereitet oder der Fruchtsaft mit 1 Schuss Rum aromatisiert werden.

Gefüllter Pfirsich »Melba«

Zutaten für 4 Personen

Für die Pfirsiche:
2 Pfirsiche
3 EL Magerquark
1 TL Zucker
1 TL Hartweizengrieß
1 Msp. Vanillemark
1 Msp. abgeriebene unbehandelte Zitronenschale

Für die Himbeersauce:
220 g Himbeeren
2 EL Zucker
1 EL Zitronensaft

Für den Vanilleschaum:
½ EL Vanillepuddingpulver
220 ml Milch
1 EL Zucker
1 Msp. Vanillemark

Außerdem:
Minzeblätter zum Garnieren
Puderzucker zum Bestäuben

1 Für die Pfirsiche den Backofen auf 180 °C vorheizen. Die Pfirsiche waschen, halbieren und entsteinen. Die Vertiefungen der Pfirsichhälften mit einem Löffel etwas vergrößern und die Hälften an der gewölbten Seite mit einem Messer etwas flach schneiden. Die vier Hälften mit den Innenseiten nach oben in eine ofenfeste Form legen.

2 Die restlichen Zutaten in einer Schüssel verrühren und das ausgelöste, klein geschnittene Pfirsichfruchtfleisch unterheben. Die Quarkfüllung auf die Pfirsichhälften verteilen. Die Pfirsiche im Ofen auf der mittleren Schiene 45 bis 50 Minuten goldbraun backen.

3 Für die Himbeersauce die Himbeeren verlesen, waschen und trocken tupfen. Ein paar Himbeeren für die Garnitur beiseitelegen. Die restlichen Himbeeren mit dem Zucker in einem Topf mischen und etwa 1 Stunde ziehen lassen. Dann den Zitronensaft untermischen und leicht erwärmen. Die Himbeersauce abkühlen lassen.

4 Kurz vor dem Servieren für den Vanilleschaum das Puddingpulver mit 3 EL Milch verrühren. Die restliche Milch mit Zucker und Vanillemark in einem Topf aufkochen. Die Puddingpulvermischung dazugeben und unter Rühren 1 Minute köcheln lassen. Die Sauce mit dem Stabmixer aufschäumen.

5 Die gefüllten Pfirsiche mit der Himbeersauce auf Desserttellern anrichten und mit dem Vanilleschaum beträufeln. Mit Minzeblättern und den beiseitegelegten Himbeeren garnieren. Das Dessert leicht mit Puderzucker bestäuben.

Angelika Schwalber empfiehlt

Für dieses Dessert dürfen die Pfirsiche ruhig schön reif sein, dann schmeckt es am besten. Ich serviere die überbackenen Pfirsiche übrigens gerne noch mit Vanille- oder Zitroneneis.

Löffelplätzchen »Bianco & Nero«

Zutaten für 15 Stück

Für den Mürbeteig:
210 g Mehl
75 g Puderzucker
etwas abgeriebene unbehandelte Zitronenschale
1 Msp. Vanillemark
Salz
1 Eigelb
150 g Butter
1–2 EL Kakaopulver

Für die Panna cotta:
1 Blatt Gelatine
80 g Sahne
¼ Vanilleschote
3 Zimtblüten
1 Eigelb
1 EL Zucker
3 EL Eierlikör

Für die Rotwein-Sauerkirschen:
1 EL Zucker
50 ml trockener Rotwein
100 g Sauerkirschen (frisch oder tiefgekühlt; entsteint)
1 Stück Vanilleschote (ca. 2 cm)
1 kleines Stück unbehandelte Zitronenschale
½ TL Speisestärke

Außerdem:
Mehl für die Arbeitsfläche
Eierlikör und einige Minzeblättchen zum Garnieren

1 Für den Mürbeteig das Mehl auf die Arbeitsfläche sieben und in die Mitte eine Mulde drücken. Den Puderzucker mit der Zitronenschale, dem Vanillemark, 1 Prise Salz und dem Eigelb in die Vertiefung geben. Die Butter in Stücken am Rand verteilen. Alles mit den Händen rasch zu einem glatten Teig verkneten, zu einem Rechteck formen, in Frischhaltefolie wickeln und über Nacht kühl stellen.

2 Für die Panna cotta die Gelatine in kaltem Wasser einweichen. Die Sahne mit der Vanilleschote aufkochen und die Zimtblüten dazugeben. Das Eigelb mit dem Zucker schaumig schlagen, die Vanilleschote und die Zimtblüten aus der Sahne nehmen und die heiße Vanillesahne unter die Eigelbmasse rühren. Die Gelatine ausdrücken und unter Rühren in der warmen Vanillesahne auflösen. Eierlikör hinzufügen, die Panna cotta in kleine Silikon-Pralinenformen (à 10 g) füllen und einfrieren.

3 Am nächsten Tag unter die Hälfte des Mürbeteigs das Kakaopulver kneten und den Teig noch einmal 1 bis 2 Stunden kühl stellen.

4 Die Teige auf der bemehlten Arbeitsfläche jeweils zu etwa 3 mm dicken Rechtecken ausrollen und diese in 5 x 10 cm breite Streifen schneiden. Die einzelnen Streifen mit sehr wenig kaltem Wasser bestreichen und helle und dunkle Streifen abwechselnd aufeinanderlegen. Die Teigstange nochmals kühl stellen.

5 Den Backofen auf 190 °C vorheizen. Ein Backblech mit Backpapier belegen. Die Teigstange in etwa 3 mm breite Scheiben schneiden und mit einem Plätzchenausstecher 4 cm große, quer gestreifte Tannen ausstechen. Auf das Blech legen und im Ofen auf der mittleren Schiene 6 bis 8 Minuten backen. Herausnehmen und auskühlen lassen. (Köstliche Resteverwertung: Den restlichen Teig nochmals verkneten, ausrollen, beliebige Plätzchen ausstechen und backen.)

6 Für die Rotwein-Sauerkirschen den Zucker in einem Topf schmelzen, mit dem Wein ablöschen und einkochen lassen. Die Kirschen, die Vanilleschote und die Zitronenschale dazugeben. Die Speisestärke mit wenig Wasser glatt rühren und die Rotwein-Sauerkirschen damit binden. Vom Herd nehmen und auskühlen lassen.

7 Zum Anrichten je 1 gefrorene Panna-cotta-Praline auf einen Häppchenlöffel geben. Davor 1 Rotwein-Sauerkirsche legen und dahinter die Schwarz-Weiß-Tanne setzen. Ein bisschen Eierlikör in die Vertiefung jeder Praline geben, mit Minze garnieren und nach Belieben etwas Puderzucker darüberstäuben.

Apfel-Rösti mit gebrannter Creme

1 Für die gebrannte Creme den Zucker mit 25 ml kaltem Wasser in einer Pfanne aufkochen und so lange köcheln lassen, bis ein Karamell entsteht. Vom Herd nehmen, mit 25 ml heißem Wasser ablöschen und sofort mit einem Deckel zudecken. Die Pfanne zurück auf den Herd stellen und den Karamell unter Rühren aufkochen, bis er sich aufgelöst hat.

2 Die Milch, die Speisestärke, das Ei, Vanillemark und 1 Prise Salz verrühren und zum Karamell geben. Unter ständigen Rühren aufkochen. Durch ein Sieb gießen und mit Frischhaltefolie zugedeckt auskühlen lassen.

3 Die Sahne steif schlagen und unterheben. Falls nötig, noch etwas Zucker dazugeben. In Gläser füllen und kühl stellen.

4 Für die Rösti den Apfel und die Birne vierteln, schälen und die Kerngehäuse entfernen. Die Früchte grob reiben, ausdrücken und mit dem Zitronensaft mischen. Das Mehl, das Eigelb, Zucker, Walnüsse, 1 Prise Salz, Vanillemark und Zitronenschale in eine Schüssel geben. Das Obst dazugeben und gut untermischen.

5 Etwas Butterschmalz in einer Pfanne erhitzen. Aus der Röstimasse bei mittlerer Hitze 4 Rösti backen. Herausnehmen und mit Zimtzucker bestreuen.

6 Die Apfel-Birnen-Rösti mit der Creme auf Desserttellern anrichten, mit Puderzucker bestäuben und nach Belieben mit frischen Apfelspalten und Beeren garnieren.

Zutaten für 4 Personen

Für die gebrannte Creme:
50 g Zucker
1/4 l Milch
1/2 EL Speisestärke
1 Ei
1 Msp. Vanillemark
Salz
60 g Sahne

Für die Rösti:
je 1 kleiner Apfel und
1 kleine Birne (à ca. 100 g)
1 EL Zitronensaft
1 EL Mehl
1 Eigelb
1 EL Zucker
1 EL gehackte, geröstete Walnüsse
Salz
1 Msp. Vanillemark
1 Msp. abgeriebene unbehandelte Zitronenschale
Butterschmalz zum Braten
Zimtzucker zum Bestreuen
Puderzucker zum Bestäuben

Angelika Schwalber empfiehlt

Je länger man den Karamell köcheln lässt, desto dunkler wird seine Farbe. Dabei wird auch der Geschmack intensiver und die gebrannte Creme erhält so eine besonders kräftige Karamellnote.

Apfel-Quarktascherl mit Vanilleschaum

Zutaten für 30 Stück

Für den Teig:
25 g Butter
90 ml Milch
200 g Roggenmehl
100 g Weizenmehl
½ TL Salz
1 Msp. Zimtpulver
1 Msp. frisch geriebene Muskatnuss
1 Msp. Vanillemark

Für die Apfel-Quark-Füllung:
2 EL Speisequark (ca. 80 g)
1 Apfel (160 g)
1 ½ EL Zucker
1 Msp. Zimtpulver
1 Msp. abgeriebene unbehandelte Zitronenschale
1 EL Zitronensaft

Für den Vanilleschaum:
1 EL Vanillepuddingpulver
200 ml Milch
100 g Sahne
Mark von ½ Vanilleschote
1–2 EL Zucker

Außerdem:
Mehl für die Arbeitsfläche
Butterschmalz zum Ausbacken

1 Für den Teig die Butter mit Milch und 90 ml Wasser in einem Topf erwärmen. Die restlichen Zutaten in einer Schüssel mischen. Die Butter-Milch-Mischung dazugeben und alles zu einem glatten Teig verkneten. Zu einer Rolle (etwa 5 cm Durchmesser) formen, in Frischhaltefolie wickeln und im Kühlschrank 1 Stunde ruhen lassen.

2 Für die Apfel-Quark-Füllung den Quark in einem Tuch abtropfen lassen. Den Apfel vierteln, schälen und das Kerngehäuse entfernen. Das Fruchtfleisch in ½ cm große Würfel schneiden. Den Zucker, den Zimt, Zitronenschale und -saft dazugeben und 20 Minuten ziehen lassen. Dann den Quark untermischen.

3 Den Teig in 30 etwa 1 cm dicke Scheiben schneiden. Auf der bemehlten Arbeitsfläche mit dem Nudelholz rund (etwa 2 mm dick) ausrollen. Auf eine Hälfte die Füllung geben und den Rand leicht mit Wasser bestreichen. Dann die andere Hälfte darüberschlagen und gut andrücken. Mit einem kannelierten Ausstecher die Halbmondform nachstechen.

4 Das Butterschmalz in der Fritteuse oder in einem hohen Topf auf 180 °C erhitzen. Es ist heiß genug, wenn sich an einem hineingehaltenen Holzlöffelstiel Blasen bilden. Die Apfel-Quarktascherl darin portionsweise auf jeder Seite 2 bis 3 Minuten goldbraun ausbacken. Herausnehmen und auf Küchenpapier abtropfen lassen.

5 Für den Vanilleschaum das Puddingpulver mit etwas Milch glatt rühren. Restliche Milch mit Sahne, Vanillemark und Zucker zum Kochen bringen und mit dem angerührten Puddingpulver binden. Beiseitestellen und lauwarm abkühlen lassen.

6 Die Vanillesauce mit dem Stabmixer aufschäumen und sofort mit den Apfel-Quarktascherln auf Desserttellern anrichten. Nach Belieben mit Apfelspalten garnieren und die Tascherl mit Puderzucker bestäuben.

Limoncello-Zabaione mit gebackenen Exotenstreifen

Zutaten für 4 Personen

Für die Zabaione:
3 Eigelb
1 Ei
80 g Zucker
1 Msp. Vanillemark
Salz
etwas abgeriebene unbehandelte Zitronenschale
80 ml Limoncello (ital. Zitronenlikör) oder Marsala

Für die Exotenstreifen:
½ Papaya
½ Mango
½ Ananas
½ Sternfrucht
250 g Amaretti (ital. Mandelkekse)
etwas Mehl
2 Eiweiß
Butterschmalz zum Ausbacken

1 Für die Zabaione die Eigelbe, das Ei, den Zucker, das Vanillemark, 1 Prise Salz und die Zitronenschale in einer Schüssel cremig rühren. Dann im heißen Wasserbad zu einer sämigen Masse aufschlagen. Den Limoncello nach und nach dazugeben und so lange weiterschlagen, bis sich das Volumen der Zabaione verdoppelt hat.

2 Für die Exotenstreifen die Papaya und die Mango schälen und die Kerne bzw. den Stein entfernen. Die Ananas halbieren, den harten Strunk herausschneiden und das Fruchtfleisch von der Schale abschneiden. Die Sternfrucht waschen. Die Früchte in 2 bis 3 cm dicke und 5 bis 6 cm lange Streifen schneiden, die Sternfrucht in 1 cm breite Scheiben schneiden.

3 Die Amaretti zerbröseln und in einen tiefen Teller geben. Das Mehl in einen zweiten tiefen Teller geben. Die Eiweiße in einem tiefen Teller verquirlen. Die Fruchtstücke zuerst im Mehl wenden, dann durch die Eiweiße ziehen und zum Schluss in den Amarettibröseln wenden.

4 Das Butterschmalz in einer Pfanne erhitzen und die Fruchtstreifen darin portionsweise goldbraun ausbacken. Warm mit der Zabaione servieren.

Angelika Schwalber empfiehlt

Die panierten Exotenstreifen sollten am besten nur bei mittlerer Hitze ausgebacken werden, weil die Amarettibrösel sehr schnell verbrennen.

Cassata mit Pinienkernen

1 Am Vortag für die Cassata die Mandeln grob hacken. Mandeln, Pistazien und Pinienkerne in einer Pfanne ohne Fett rösten, bis sie aromatisch duften. Die kandierten Früchte und die Amarenakirschen fein hacken.

2 In einem Topf 60 g Zucker mit 4 EL Wasser auf 120 °C erhitzen (mit dem Zuckerthermometer prüfen). Die Eier trennen und die Eiweiße mit dem restlichen Zucker mit den Quirlen des Handrührgeräts zu steifem Schnee schlagen. Die heiße Zuckerlösung in einem dünnen Strahl dazugeben und unterrühren, dann den Eischnee mit dem Handrührgerät kalt schlagen.

3 Eine Terrinenform (ca. 1 ½ l Inhalt) mit Backpapier auslegen. Die Sahne steif schlagen. Die Eigelbe mit Vanillemark, Zitronenschale und Cognac cremig schlagen. Den Eischnee und die Sahne unterziehen und zum Schluss Mandeln, Pistazien, Pinienkerne und die Früchte unterheben. Die Masse in die Terrinenform füllen und über Nacht im Tiefkühlfach gefrieren lassen.

4 Am nächsten Tag die Erdbeeren waschen, putzen und halbieren bzw. vierteln. Die Sahne steif schlagen. Über die Terrinenform kurz warmes Wasser laufen lassen und die Cassata auf eine Platte stürzen. Die Cassata kurz antauen lassen, in Scheiben schneiden und mit den Erdbeeren und der Sahne servieren.

Zutaten für 8 Personen

Für die Cassata:
je 40 g geschälte Mandeln, Pistazien und Pinienkerne
100 g kandierte Früchte (z. B. Ananas, Orange, Zitrone, Ingwer)
40 g Amarenakirschen (abgetropft)
80 g Zucker
2 Eier
375 g Sahne
1 Msp. Vanillemark
1 Msp. abgeriebene unbehandelte Zitronenschale
2 EL Cognac

Außerdem:
ca. 8 Erdbeeren
200 g Sahne

Angelika Schwalber empfiehlt

Die Cassata schmeckt am besten, wenn sie vor dem Servieren 10 Minuten bei Raumtemperatur antauen kann. Dann kommt das volle Aroma zur Geltung.

Aperol-Spritz-Creme im Glas

Zutaten für 4 Personen

Für die Sektsahne:
½ unbehandelte Zitrone
50 ml trockener Sekt
150 g Sahne
30 g Zucker

Für den Aperolspiegel:
1 Blatt Gelatine
1 Msp. Pektin (aus dem Bioladen)
1 EL Zucker
100 ml frisch gepresster Orangensaft
Saft von ½ Zitrone
4 EL Aperol (ital. Likör)

Für die Orangenfilets:
2 unbehandelte Orangen
1 unbehandelte Zitrone
1 EL Puderzucker
1 Msp. Vanillemark

1 Am Vortag für die Sektsahne die Zitrone heiß waschen, trocken reiben und einen etwa 2 cm langen Streifen Schale abschneiden. Den Saft auspressen. Den Sekt mit Sahne, Zucker, Zitronensaft und -schale mischen und über Nacht im Kühlschrank ziehen lassen.

2 Für den Aperolspiegel die Gelatine in kaltem Wasser einweichen. Das Pektin mit dem Zucker mischen. Den Orangen- und Zitronensaft mit der Pektinmischung verrühren und in einem Topf aufkochen. Die Gelatine ausdrücken und in der Flüssigkeit auflösen. Den Aperol unterrühren und die Mischung über Nacht in den Kühlschrank stellen.

3 Am nächsten Tag für die Orangenfilets 1 Orange heiß waschen und trocken reiben. Etwas Schale fein abreiben. Beide Orangen so großzügig schälen, dass auch die weiße Haut mit entfernt wird. Die Filets zwischen den einzelnen Trennhäuten herausschneiden, dabei den austretenden Saft auffangen und den Rest der Orangen gut ausdrücken.

4 Die Zitrone ebenfalls heiß waschen und trocken reiben. Etwas Schale fein abreiben und den Saft von ½ Zitrone auspressen. Den Puderzucker gleichmäßig in einem Topf verteilen und goldgelb karamellisieren. Mit dem aufgefangenen Orangensaft und 1 TL Zitronensaft ablöschen. Die Orangenfilets, je 1 Msp. Orangen- und Zitronenschale und das Vanillemark dazugeben. Alles kurz schwenken und die Filets mit dem Sud in einer Schüssel abkühlen lassen.

5 Die Orangenfilets in ein Sieb abgießen und abtropfen lassen. Die Sektsahne in einen Rührbecher geben und die Zitronenschale entfernen. Die Sektsahne mit dem Schneebesen oder den Quirlen des Handrührgeräts cremig schlagen. Die Orangenfilets in vier Gläser (à 160 ml Inhalt) verteilen und die Sektsahne darübergeben. Den Aperolspiegel kurz glatt rühren, daraufgeben und die Aperol-Spritz-Creme bis zum Servieren in den Kühlschrank stellen.

Mandelmilcheis mit Sauerkirschperlen

Zutaten für 4 Personen

Für das Mandelmilcheis:
50 g Mandelblättchen
¼ l Milch
1 Stück Vanilleschote (ca. 2 cm)
2 Eigelb
90 g Zucker
250 g Sahne
2 EL Amaretto (ital. Mandellikör)

Für die Sauerkirschperlen:
5 Blatt Gelatine
160 ml Kirschsaft
10 g Zucker
1 Msp. Vanillemark
je 1 Stück unbehandelte Orangen- und Zitronenschale
ca. 300 ml neutrales Pflanzen- oder Mandelöl

Für die Hippenhörnchen:
60 g Puderzucker
20 g Marzipanrohmasse
50 g Mehl
1 Ei
Salz
1 Msp. Vanillemark
2–3 Tropfen Zitronensaft

1 Am Vortag für das Mandelmilcheis die Mandelblättchen in einer Pfanne ohne Fett rösten. Die Milch und die Vanilleschote dazugeben und kurz aufkochen lassen. Über Nacht zugedeckt im Kühlschrank ziehen lassen.

2 Am nächsten Tag die Eigelbe mit dem Zucker in einer Schüssel schaumig schlagen. Die Sahne erhitzen und dazugeben. Die Creme zur »Rose abziehen«, d. h. die Masse im heißen Wasserbad unter ständigem Rühren auf etwa 80 °C erhitzen, bis sie leicht angedickt ist.

3 Die Mandelmilch durch ein Sieb gießen und mit dem Mandellikör unter die Sahnecreme rühren. Sobald die Masse kalt ist, in der Eismaschine cremig gefrieren lassen. Alternativ in das Tiefkühlfach stellen und immer wieder mit dem Stabmixer durchrühren, damit sich keine zu großen Eiskristalle bilden. Oder die gefrorene Masse in den Küchenmixer geben und durchmixen.

4 Für die Sauerkirschperlen die Gelatine in kaltem Wasser einweichen. In einem Topf den Kirschsaft, den Zucker, das Vanillemark, Orangen- und Zitronenschale aufkochen lassen. Vom Herd nehmen und die ausgedrückte Gelatine darin unter Rühren auflösen. Den Fond auskühlen lassen.

5 Das Öl in einer kleinen gefrierfesten Schüssel 3 bis 4 Stunden tiefkühlen. Den Kirschfond in eine Spritzflasche füllen und tropfenweise in das kalte Öl geben. Die Sauerkirschperlen ein paar Minuten fest werden lassen, dann durch ein Sieb gießen und mit kaltem Wasser abspülen. Bis zur Weiterverwendung im Kühlschrank aufbewahren.

6 Für die Hippenhörnchen den Backofen auf 170 °C vorheizen. Den Puderzucker, das Marzipan, das Mehl, das Ei, 1 Prise Salz, Vanillemark und Zitronensaft in eine Schüssel geben und alles zu einem glatten Teig verrühren.

7 Ein Backblech mit Backpapier oder einer Backmatte belegen und vier Kreise mit einem Durchmesser von 6 cm aufzeichnen. Den Teig mit einer Winkelpalette auf den Kreisen verstreichen und im Ofen auf der mittleren Schiene 10 bis 12 Minuten goldbraun backen. Dann herausnehmen, die heißen Teigkreise mit der Winkelpalette vom Blech nehmen und zu Hörnchen formen. Abkühlen lassen.

8 Die Sauerkirschperlen in die Hippenhörnchen füllen und mit dem portionierten Mandelmilcheis auf Desserttellern oder in Schälchen anrichten.

Feines für Naschkatzen

Herzhaft oder süß? Deftig oder doch elegant? Nirgendwo sonst prallen diese Geschmacksgegensätze so aufeinander wie bei den Snacks. Bei den Italienern zum Beispiel, da gibts zum Frühstücks-Cappuccino ein Hörnchen mit Marmeladen- oder Schokofüllung und zur Brotzeit gleich danach ein Panino con porchetta – eine Schweinsbratensemmel – zum Glaser Wein. Oder bei unseren Nachbarn, den Österreichern: Im Kaffeehaus sitzt die süße Mehlspeise direkt neben dem herzhaften Gulasch, der Schlagobers (Sahne) ist genauso Stammgast wie die deftigen Krautfleckerl, oder soll es bitteschön doch lieber eine Sachertorte sein? Da ist für jeden Geschmack etwas dabei. Und genau das bieten der Alfons und ich Ihnen mit unseren Snacks.

Mein Part ist wie immer auf der Schokoladenseite, also bei den süßen Verführungen! Und mit meinen Snacks nehme ich Sie mit auf eine kulinarische Weltreise: Wir spüren das Dolce Vita in Italien auf mit meiner »Cassata mit Pinienkernen« – ein süßer Traum, da wollen Sie gar nicht so schnell aufwachen. Oder wie wäre es mit prickelnden Macarons »Champagner rosé«? Einem französischen Dessert für jede festliche Mahlzeit oder als süße Nascherei zwischendurch.

Einfach raffiniert sind meine Snacks: Einfach zu machen, aber raffiniert im Geschmack. Das mögen auch die Männer – sieht man ja alleine schon an Weihnachten. Da behaupten die Herren der Schöpfung zwar, dass sie eigentlich keine Süßigkeiten mögen. Aber warum nur ist die Platzerldose immer so schnell leer?

Aber natürlich hab ich auch für das übrige Jahr und allerlei Gelegenheiten jede Menge Leckerbissen dabei. Österreichische Walnussschnitten, italienische Amarettini, Schweizer Mousse-au-chocolat-Törtchen oder bayerische Haselnusskipferl. Lauter süße Bescherungen, da müssen Sie gar nicht erst aufs Christkind warten. Hereinspaziert in meinen Naschmarkt! Lassen Sie sich verführen von meinen Snacks. Und ich versprech Ihnen: Bei dieser Auswahl werden sogar überzeugte Fleischtiger zu reinen Naschkatzen.

Ihre Angelika Schwalber

süß

VON ANGELIKA SCHWALBER

Angelika Schwalber

Süsse Snacks

Feine Leckerbissen

herzhaft & süß

Zabert Sandmann

© Verlag Zabert Sandmann
München
1. Auflage 2014
ISBN 978-3-89883-458-2

Grafische Gestaltung	Georg Feigl, Jürgen Endriß (Netzwerk GbR)
Foodfotografie	Susie Eising, Martina Görlach (Eising Studio | Food Photo & Video)
Foodstyling	Michael Koch
Porträtfotos	Stefan Braun (Cover, S. 5, 59), Foto Sessner (S. 4)
Rezeptküche	Monika Reiter, Gerlinde Hans
Redaktion	Martina Solter, Eva-Maria Hege
redaktionelle Mitarbeit	Kathrin Gritschneder, Gerti Köhn, Regina Rautenberg
Vorwort	Rudolf Bögel
Herstellung & Lithografie	Jan Russok, Peter Karg-Cordes
Druck & Bindung	Mohn Media Mohndruck GmbH, Gütersloh

Beim Druck dieses Buchs wurde durch den innovativen Einsatz der Kraft-Wärme-Kopplung im Vergleich zum herkömmlichen Energieeinsatz bis zu 52% weniger CO_2 emittiert.

In Zusammenarbeit mit dem Bayerischen Fernsehen
mit Lizenz durch die BRW-Service GmbH

ISBN 978-3-89883-458-2

9 783898 834582

Besuchen Sie uns auch im Internet unter www.zsverlag.de